中国红色旅游发展系列丛书

Zhongguo Hongse Lüyou Fazhan Xilie Congshu

红色旅游发展的井冈山模式

HONGSE LÜYOU FAZHAN DE JINGGANGSHAN MOSHI

国家旅游局

中国旅游出版社

要载体。

事实上，红色旅游发展已经产生了巨大的政治效益、社会效益和经济效益。其发展，说开辟了一条与时代特征相适应、行之有效的发展路径亦不为过。

十年来，红色旅游发挥了传承红色基因、弘扬优秀传统的重要功能。依托红色旅游景区，结合建党、建军、建国、抗日战争胜利等重大历史事件，坚持与“中国梦”、社会主义核心价值观学习教育相结合，开展了一系列内容丰富、形式多样的主题活动，涌现出大批群众喜闻乐见的红色影视、演艺、歌曲等作品，繁荣发展了红色文化。

十年来，红色旅游塑造了一个响亮的品牌。红色旅游知名度、美誉度不断提升，已经成为深受广大群众喜爱的旅游活动之一，年接待游客由2004年的1.4亿人次增长至2014年的9.07亿人次，年均增长16%以上。据不完全统计，全国红色旅游十年累计游客超过40亿人次。红色旅游的发展，推进了爱国主义和革命传统教育大众化、常态化。

十年来，构建了覆盖全面、较为完善的红色旅游体系，以经典景区为主体的产品体系日益完善，249处全国红色旅游经典景区得到有效保护和建设，培育一批红色旅游目的地，拓展红色旅游线路180多条。红色旅游立体交通网络基本形成。

十年来，实现了革命历史文化遗产的有效保护与合理利用。保护和修缮大批全国重点文物单位、国家级烈士纪念设施，加大了环境整治力度，挖掘和整理了大量革命文物和历史文献，建设一批红色历史文化多媒体资源库。用改革的思路、创新的意识，把革命历史文化遗产保护和红色旅游发展有机结合，探索保护与发展双赢的新路子。

十年来，拓展了振兴老区、脱贫致富的有效途径。红色旅游发展给革命老区带来了人流、资金流、信息流。老区人民通过为游客提供交通运输、土特产销售、餐饮住宿等服务，增加了收入，使大批当地群众脱贫致富，增强了老区人民自信心和自豪感，有效促进了革命老区经济社会发展。

无疑，红色旅游发展积累了许多宝贵经验。比如，坚持把社会效益放在首位；坚持统筹发挥“教育与富民”的综合功能；坚持规划先行、突出重点；坚持遵循旅游发展规律；坚持服务当地经济社会发展等等。这些经验，在各地红色旅游发展实践中都有着更为丰满的诠释、更为生动的案例。

习近平总书记明确要求，“要把红色资源利用好、把红色传统发扬好、把红色基因传承好”。还指出，历史是最好的教科书，对我们共产党人来说，中国革命历史是最好的营养剂，多重温我们党领导人民进行革命的伟大历史，心中就会增加很多正能量。

实践创新是理论创新的基础和源泉。新的发展阶段，给红色旅游发展带来了新的机遇、赋予了新的使命，也提出了新的要求，迫切需要我们总结经验、发现规律，努力推进创新发展。我们期待，有关各方认真总结红色旅游的若干经验，为推进旅游“515战略”发挥应有的作用，为研究制定“十三五”红色旅游发展规划提供坚实的理论支撑，使红色旅游以“+”的方式，进一步释放教育功能、社会效益、促进消费、产业关联等综合效益。

回望来路，我们感慨万千；前瞻远方，我们信心满满。当今中国，拥有着全球最具活力的产业需求、最为广阔的发展前景。或许，当我们多年后拥有了更可欣慰的成绩时，才会知道今天的所有付出，都是一篇精彩的佳话。

（此文于2015年11月11日发表于《中国旅游报》）

目 录

CONTENTS

第三章　红色摇篮　生态井冈　精神家园

——井冈山革命圣地 + 旅游胜地红色旅游品牌营销

第四章　井冈山精神主题教育

——井冈山红色资源 + 旅游景区红色培训

第五章　红色旅游一体化

——大井冈旅游融合发展格局

第六章　军事主题游
——井冈山红色旅游发展优化升级

第一章 概 述

一、井冈山红色旅游发展资源

井冈山，位于江西省西南部，地处湘赣两省交界的罗霄山脉中段，东连江西泰和、遂川两县，南邻湖南炎陵县，西靠湖南茶陵县，北接江西永新县，是江西省西南的门户，距离省会城市南昌 375 公里，古有“郴衡湘赣之交，千里罗霄之腹”之称。境内平均海拔为 381.5 米，最高峰——江西坳海拔 1841 米。就海拔高度而言，井冈山与国内其他名山相比，并无优势可言。然而，

图 1-1 井冈山革命烈士纪念碑

“山因革命而高，地以人杰而大”。大革命失败后，在中国革命何去何从的历史转折关头，1927 年 10 月，毛泽东率领秋收起义余部来到井冈山，1928 年 4 月底，朱德、陈毅率领南昌起义部队也辗转到达井冈山与毛泽东率领的秋收起义部队会师，成立了红四军，由此，井冈山根据地进入全盛时期。井冈山革命根据地势力鼎盛之际，面积达 7200 平方公里，人口 50 余万，横跨湘、赣两省的酃县、茶陵和遂川、宁冈、永新、莲花 6 县。1928 年 12 月，彭德怀又率领平江起义的部分队伍到达井冈山与红四军胜利会师。

毛泽东、朱德、彭德怀等老一辈无产阶级革命家，创建了中国第一个农村革命根据地，开始了探索具有中国特色的农村包围城市新道路的伟大历程。自此之后，鲜为人知的井冈山被载入了中国革命历史的光辉史册，被誉为“中国革命的摇篮”和“天下第一山”。

井冈山特殊的气候条件、地理位置和土壤结构，使井冈山存在完整的气候顶级群落，生态文明有独特的优势：空气清新，原生态大气环境，质量达到国家一级标准。一年中，空气质量达到优和良好的天气数占 94%；风景名胜面积 333 平方公里内的空气质量达优天气数占 100%。空气中含负氧离子数，按国家标准：1800 个 / 立方厘米为特级，而茨坪达到 3400 个 / 立方厘米，水口达到 5200 个 / 立方厘米，黄洋界达到 5600 个 / 立方厘米，远远优于国家标准，人称“中国天然氧吧”“井冈山的空气是甜的”。井冈山风景名胜区的地理和气候，有三大特点：第一，气候凉爽，夏季平均气温 24℃左右，极端最高气温 34.8℃，不温不燥，非常舒适；第二，纬度合适，专家认为人类最佳的居住地为北纬 20° ~ 30°，井冈山恰好处于北纬 26°，非常适合人居；第三，海拔适中，井冈山平均海拔 381.50 米；风景名胜区内，平均海拔 1100.00 米左右，研究表明，人体在这个海拔高度对大气气压感觉最佳。

井冈山属于“中国亚热带省”中部地区生物多样性较为丰富的生态环境区，千峰争秀，林海苍茫，森林面积 12.65 万公顷，活立木蓄积量 804 万立方米。据专家考证，井冈山是亚热带植物原生地之一，保留众多人迹未至极少人类活动的大片原始态或半原始森林 7000 多公顷，有一片被联合国环境保护组织誉为世界仅有的亚热带常绿阔叶林。还有省级保护的 78 种代表植物，包括南方红豆杉、白豆杉、伯栎树、银杏、香果树、半枫荷、观光木等。竹林面积 1067 公顷，有楠竹、方竹、淡竹、观音竹、寒竹、苦竹、凤尾竹、实心竹等 100 多种，毛竹蓄积量 2576.38 万根。林海、竹海形成“天然森林公园”。井冈山植物、动物区系复杂，区系成分繁多，生物资源特别丰富，是距今约 6000 万年前遗留下来的，比较古老而又完整的新生代第三纪型森林生态系统，已查明有高等植物 280 科 800 余属 3400 余种。列入《世界自然保护联盟物种红色名录》的植物有 10 种，列入《濒危野生动植物国际贸易公约》附录Ⅱ的有 38 种，列入《中国物种红色名录》的有 67 种，列入《中国国家重点保护野生植物名录》的有 23 种。中国特有种子植物 460 种，井冈山特有种子植物 20 种。区内分布有多种珍稀濒危动物，列入《世界自然保护联盟物种红色名录》的有 13 种，列入《濒危野生动物种国际贸易公约》附录的有 17 种。境内动物种类也非常丰富，已查明脊椎动物有 309 种，其中哺乳类 42 种，鸟类 162 种，爬行类 41 种，两栖类 29 种，鱼类 35 种。昆虫类种类达 2100 种，列入《中国物种红色名录》的有 34 种，列入《中国国家重点保护野生动物名录》的有 38 种，井冈山有特有动物 25 种。代表动物有黄腹角雉、猴面鹰、藏酋猴、水鹿、穿山甲、乌梢蛇、百花蜥、大鲵（娃娃鱼）、虎纹蛙、棘胸蛙等。总之，井冈山有生态学价值和生物多样性价值，堪称生物王国。

井冈山境内流域面积 10.0 平方千米以上的河流有 6 条，干支流总长 222.3 千米，市内主要河流有龙江、郑溪、拿山河、行洲河、仙水河、大旺水，属赣江水系，有乔林、灵坑、罗浮、三角塘、井冈冲、足山 6 个水库。水能资源丰富，可开发能资源 4.57 万千瓦，占蕴藏量的 49%。龙江，发源于黄洋界麓拐湖西北；郑溪，发源于黄洋界风车口东麓；拿山河，发源于黄洋界、金狮面南面；行洲河，其源头为五指峰。水过境断面河流水质监测结果：饮水水源水质达标率 100%。风景名胜区、山区乡镇数千条淙淙溪水，曲绕于崇山峻岭之中，在峡谷深处奔流，水质特优。境内有大小瀑布数以百计，溪涧泉潭无数，形、声、姿、韵俱佳而各个迥异：或泻疑悬河，或洒如银盘，或漂似玉锦，或媚若天仙，千姿百态，因势而生，尤以龙潭景区瀑布群、五指峰飞龙瀑、白龙瀑最为突出。龙潭瀑布，从陡峭的高崖上轰然而下，落差 68.0 米，湍急的水流在错落有致的岩石上，惟妙惟肖地勾勒出一位翩翩起舞的少女形态，堪称一绝。水帘瀑，梳妆山光水色，披散成一道透明的雨帘，悠然滑落，人穿过雨帘而衣衫不湿。水口彩虹瀑，一泓自八面山的流泉，穿山越嶂，陡然形成百米落差，演绎成一泻数叠的飞瀑，在阳光里，一弯七彩虹似去，女方必须在出亲的短时间内配上下联，对此女方颇为紧张。在井冈山客家风情民俗村专门设有婚俗中的坐花轿、拜堂程序表演。在这里游人不仅可以观赏表演，大饱眼福，还可以参与当一回新郎、新娘、坐坐花轿、拜拜堂，过一把瘾。

客家人历来好客喜茶。他们大多居于山区，自己种茶、制茶。即使没有茶园、茶山，人家也要在房前屋后种上几株茶树。客家人喝的是热茶。过去，没有热水瓶储热水泡茶，家家都在茶锅里炖茶。亲戚朋友来了，首先是炖滚茶、张碟子（用盘子装上食品）招待。邻里乡亲路过家门也要热情招呼："进去，食碗茶来！"客家人的茶点很讲究，很有特色风味。例如，有的用南瓜子、豆子，有的用油酥红薯干、南瓜花；有的用醋浸的生姜、大蒜头、芥菜梗等 20 多种农家自制原汁原味的绿色食品。客家人用土产自烹的传统菜也很有特色，例如，用特制调料做的大块炒猪肉，香而不腻；肉馅酿豆腐嫩美、清香。用上乘豆浆制成的豆腐皮，用清水小河鱼、石斑鱼、泥鳅炖汤是桌上珍品，还有许多自种、自养、自做的各种特色小菜和自酿的米酒应有尽有，味美可口。这些美味，游人到民俗村游览或到农家访谈都可以亲自品尝、体验到客家人的习俗和茶文化、饮食文化。

二、井冈山红色旅游发展历程

井冈山是革命之山、胜利之山，属革命老区。新中国成立后，党中央和国务院为加强革命老根据地的建设，省政府吉安专区于 1951 年决定划永新县的罗浮、白银湖、茅坪、锡坪、草坪、茨坪等地归于遂川县管辖，并以茨坪为中心建立"井冈山特别区"。1957 年在全面开发山区、建设山区的浪涛中，省政府下放 500 余名省直机关干部到井冈山开发建设，成立了"井冈山垦殖场"。1959 年 2 月，省政府又决定划永新县拿山区、遂川县井冈山乡和宁冈县（除韩江乡外）成立了"井冈山管理局"，为省政府直辖。1959 年 11 月，省政府根据当时老区建设的新形势，决定恢复"宁冈县"与"井冈山管理局"合署办公。1961 年 4 月，江西省政府决定"宁冈县"与"井冈山管理局"分开，

“宁冈县”迁龙市办公，为吉安专区管辖，“井冈山管理局”仍为省直辖。1969年3月，江西省革命委员会决定将遂川县的黄坳、下七、长坪等地划归井冈山革命委员会领导。井冈山革命委员会为井冈山地区革命委员会所属。1977年9月，江西省政府决定恢复“井冈山管理局”为省直辖。1981年11月，根据全国五届人大修改的新《宪法》精神，江西省政府又决定撤“井冈山管理局”，立“井冈山县”，为吉安行署管辖。1984年12月，经国务院批准，撤“井冈山县”，成立“井冈山市”，仍为吉安行署辖地。

2000年5月，经国务院批准将原井冈山市与原宁冈县合并组建新的井冈山市。全市现辖21个乡、镇、场和街道办事处，总人口约16万，总面积为1270平方公里。市址设在厦坪，2002年7月开始启动新城区建设，2005年4月16日顺利实现了市址的搬迁，如今一个“城在山水园林中”的新城新貌展现在世人面前。

为合理保护、开发、利用井冈山得天独厚的旅游资源，2005年，成立井冈山管理局工作委员会。井冈山管理局，为吉安市委、市政府派出机构，规格为副厅级、机关设在井冈山茨坪。井冈山管理局党工委书记兼井冈山市委书记，井冈山管理局局长兼井冈山市市长。井冈山管理局主要承办重大接待任务，负责井冈山旅游业的统一管理、规划、开发和建设，负责保护井冈山的自然环境、人文环境和革命遗迹，负责景区公共设施建设，审查监督各种建设项目。井冈山管理体制机制的创新，为实施旅游兴市、旅游强市、旅游富市战略，全面推进红色旅游发挥了极好的政府主导作用。

井冈山旅游是从革命传统教育、政治任务接待转型而来的。从井冈山旅游发展的历程来看，大体经历了以下几个时段：

（一）始于红（新中国成立至20世纪80年代中期）

这一阶段，井冈山作为爱国主义、革命传统教育、政治思想教育的阵地，以革命传统教育基地的形象深入人心。由于这种形象和特征，来井冈山参观学习的主要群体大都是有组织的青年学生、老红军等群体，主要目的是接受革命传统教育和瞻仰革命先烈。主要有以下几个特点：一是来井冈山参观的人数较多。据有关人士回忆，当时人数最多的一天有7万~8万人上井冈山，井冈山革命博物馆展厅参观者带进的泥层达 2 ～ 3 厘米。二是大部分属于公费旅游。接待单位不是按照旅游的概念去经营，更明显的是政治任务接待，甚至不计投入和产出，经费开支主要由国家拨款，当时的接待程序也是按照政治教育的模式操作。三是基本没有“旅游”概念。参观者不是一般旅游者的身份，也不愿被冠以“旅游者”的称呼。据当时数据统计，1958 年，井冈山接待床位仅有 67 张，到 1980 年也只有 1201 张。因此，将这一时段称为“始于红”。

（二）发展红（20 世纪 80 年代中期至 90 年代中期）

这一阶段，由于国家经济的快速发展和城乡人民生活水平的迅速提高，国内旅游快速崛起。井冈山凭借多年来开展革命传统教育的条件，开始探索采取旅游接待的方式经营。一是成立管理机构。1983 年成立了风景局，加强景区旅游管理。1985 年 6 月，成立井冈山外事旅游车队，专门为旅游接待服务。二是开发景区（点）。在发展思路上，尝试将自然风光与革命纪念地结合起来开发建设。以 1979 年 10 月 12 日组织机关干部义务劳动修建挹翠湖开始，1980 年开发龙潭，1984 年开发水口，1985 年修建井冈冲电站，1987 年建设北山烈士陵园。在门票收入上，从 1985 年的 3900 元到 1994 年接近 100 万元，达到 97.92 万元，接待游客 40 多万人次。1982 年，经国务院批准为全国第一批重点风景名胜区。1991 年，被国家旅游局评为中国旅游胜地四十佳之一。总体来说，这一阶段仍属于半接待半旅游产业阶段，只注意宣传革命传统，忽略井冈山优美自然风光的宣传。因此，将这一时段称为“发展红”。

（三）不唯红（1995 年至 2004 年）

1995 年，井冈山市委、市政府提出“旅游兴市”战略。1996 年，成立井冈山市旅游局，加强景区旅游管理。这一阶段，主要有以下几个特点：一是注重景区建设。1996 年 1 月，动工建设井冈山革命烈士纪念碑、展览厅及部分游步道工程。1997 年 6 月，井冈山革命烈士纪念碑全面竣工，举行揭碑仪式并对外开放。1998 年 7 月，朱砂河漂流破土动工，8 月正式开始营运。

1998年9月，开工建设五马朝天景区，1999年4月正式对外开放。2002年6月，投入1300万元建设石燕洞景区，2004年6月竣工并对外开放。二是注重宣传营销。1995年，提出了“红色摇篮，绿色宝库”的旅游营销主题。2004年，提出了“高举红色旗帜，做足绿色文章，彰显家园魅力”的旅游营销主题，旅游宣传营销工作得到加强。1996年，举办了中国井冈山旅游杜鹃节暨湘赣边界经贸洽谈会；2004年，举办中国红色之旅万里行签约会活动，每隔几年都会举办“井冈山杜鹃花展”等节庆活动。1995年9月，井冈山启动中国优秀旅游城市创建工作；1998年12月，国家旅游局正式公布井冈山市为全国首批中国优秀旅游城市。三是注重基础设施建设。1997年京九铁路建成，井冈山游客突破100万人次。2000年井冈山市委、市政府下迁，将行政中心从茨坪整体下迁至新城区，把茨坪作为景区的一个重要载体，腾出了旅游发展空间。这期间，井冈山的交通条件改善很快，铁路、航空、高速公路等直达井冈山。景区内公路全面改造升级，天街建成投入使用，全山食、住、行、游、购、娱等旅游要素健全。门票收入1995年达到197.8万元，2004年达到1.2亿元；旅游收入1995年达到0.52亿元，2004年达到8.64亿元。以旅游业为主体的第三产业收入占全市GDP的42%以上，旅游业已经成为井冈山市的支柱产业。因此，将这一时段称为“不唯红”。

（四）超越红（2005年至今）

2005年，随着井冈山管理局的成立，专门负责井冈山旅游、重大接待、自然保护等工作，形成了井冈山管理局、井冈山市委、市政府并驾齐驱，运转顺畅，充满活力的旅游发展体制。这一阶段，主要有以下几个特点：一是旅游产品进一步丰富。相继开发建成了杜鹃山、荆竹山、领袖峰、大型实景演出《井冈山》、井冈山斗争全景画馆、《黄洋界保卫战》3D电影等景区点，完成了“一号工程”井冈山博物馆新馆建设。同时，对龙潭、水口、主峰等景区进行了全面改造升级，开发建设了井冈山国际山地自行车赛道，启动了罗浮片区综合开发，努力增加生态、休闲、度假、农业观光等元素在整个井冈山旅游中的比重。依托中国井冈山干部学院、全国青少年井冈山革命传统教育基地和全国各级机关在井冈山设立的培训基地，推出了集培训、参与、体验于一体的红色拓展培训模式。推进了井冈山、永新、遂川红色旅游一体化工作，为增强井冈山旅游发展后劲注入了新的活力。二是旅游设施进一步完善。投资2亿元，完成了所有景区公路的改造升级，衡茶吉铁路、井冈山厦睦高速公路顺利通车，形成了一个以井冈山景区为中心的局部交通枢纽，为井冈山旅游提供了更为宽广的发展空间。投资8000多万元在江西省旅游景区中率先开通了旅游观光车。推进了中信井冈山国际会议中心、全国青少年井冈山革命传统教育基地、中泰来大酒店、井冈山大酒店等项目建设，接待服务设施档次不断提升。三是旅游营销进一步加强。按照“政府搭台、企业唱戏、媒体宣传”的营销模式，全方位、宽领域、多层次地开展宣传营销。2005年，举办了中国井冈山红色旅游文化节、中国井冈山红色旅游高峰论坛。每年坚持举办井冈山红色旅游高峰论坛、井冈山国际杜鹃花节等固定节庆活动，每年策划推出了“三八”妇女节、“清凉避暑·休闲度假”等主题营销活动，对60岁以上老人、旅游专列、旅游直通车、港澳台市场实行门票优惠让利政策，有效拉动了旅游市场；积极参加各类旅游交易会和在主要客源市场举行旅游推介会，加强与中央级高端媒体的合作，每年在中央电视台、中央主流报纸杂志、知名网站上投放井冈山旅游广告。成立了井冈山旅游营销中心，组建了专业的红色旅游营销队伍，围绕拓展客源市场，推行旅游营销市场化工作试点，将国内分为东、南、西、北四大市场，采取市场包干，开展市场攻坚。四是景区管理进一步强化。2012年10月1日，《井冈山风景名胜区条例》经省人大常委会审议通过颁布施行，为景区保护、利用和管理提供了法律依据。启动了旅游服务业标准化创建工作，建立和完善旅游标准化体系。结合景区（点）及旅游窗口服务单位创优达标活动，制定了一整套符合井冈山景区实际的管理标准，景区管理和旅游服务水平取得了质的飞跃。制定出台了《井冈山农家乐管理办法》《加快井冈山农家乐发展实施意见》，推进了农家乐旅游示范点建设。每年坚持开展井冈山优秀饭店、井冈山优秀导游员、生态餐饮示范店、旅游购物场所推荐单位等行业评选活动。积极组织旅游从业人员培训，旅游从业队伍服务水平明显提高。全面推行“红色经典讲解提升计划”，每年定期对导游员进行免费培训，实行导游员统一着装。深入推进旅游区综合执法，严厉打击追客拉客、欺客宰客等影响井冈山旅游形象的行为，努力营造规范有序的旅游市场经营秩序。同时，建立健全旅游行

图 1-4 井冈山革命博物馆

业协会组织，充分发挥旅游协会行业自律作用，促进了全山旅游行业向“安全、规范、质量、效益”的方向发展。此外，规范景区旅游咨询和联合受理旅游投诉机制，设立了统一的免费旅游投诉电话（400-188-0796）。在这一阶段，井冈山旅游经济始终保持在两位数的递增速度。井冈山先后获得了世界生物圈保护区、国家 5A 级旅游景区、全国文明风景旅游区等国家级荣誉称号，并成功列入国家自然与文化遗产预备名录。2013 年，井冈山成功入选“国家生态旅游示范区”和“中国十大最具投资潜力旅游目的地”，在江西省 35 个重点景区（点）游客满意度调查中荣获第一名。

下一步，将发挥“红色吸引人，绿色留住人，情景感染人”的旅游资源优势，坚持“红色传承、绿色发展”理念，围绕“中国信念的精神高地、中外驰名的特色生态山城、中国一流的旅游胜地、全国红色旅游精品城市”的目标定位以及“红色摇篮、生态井冈、精神家园”为主题的多彩井冈山旅游品牌，按照“旅游规划科学化、景区建设精品化、旅游产品多元化、旅游经营市场化、旅游服务标准化、旅游营销立体化、旅游产业集群化、旅游队伍专业化、旅游区域一体化、旅游发展国际化”的发展思路，着力发展以红色旅游为龙头的旅游经济，努力促进井冈山经济社会各项事业实现新的飞跃。

三、井冈山红色旅游发展成就

井冈山是中国革命的摇篮，党中央、国务院对井冈山地区的经济和社会发展十分关心，曾将井冈山列为国家重点扶贫地区。

《2004—2010 年全国红色旅游发展规划纲要》的制定实施，全国红色旅游经典景区第一批名录公布，井冈山以此为契机，全面推进和大力发展红色旅游，取得了显著的成就。

井冈山发展红色旅游，爱国主义教育和革命传统教育更加深入人心。井冈山在推进红色旅游发展过程中，深入挖掘红色文化资源内涵，创新表现形式，增强游客参与性，红色旅游的震撼力、吸引力和表现力大幅提升。尤其是从 2005 年井冈山提出“红色培训”以来，年接待红色培训人数以 30% 的速度递增，全国有近 30 个省、市、自治区干部群众来过井冈山参加培训，最高峰时每天有近 100 个班、上万人在井冈山开展传统教育、会议培训活动。2014 年，仅青少年教育基地、江西干部学院、井冈山干部学院，主要培训机构完成培训班 2117 期，学员达 12.7 万人，同比分别增长 24.4%、23.8%。

井冈山发展红色旅游，为革命老区经济注入新的活力。2004 ~ 2014 年，井冈山共接待游客 4587.6 万人次，实现旅游收入 321.46 亿元。年接待旅客人数从 2004 年的 162.97 万人次增长至 2014 年的 1152.56 万人次，增长了 5 倍；红色旅游年综合收入从 2004 年的 8.6 亿元增长至 2014 年的 89.05 亿元，增长了 8 倍；以红色旅游为主导的现代服务业一直是井冈山经济的支柱产业，2013 年占 GDP 比重达 51%；在红色旅游的带动下，地区生产总值由 2004 年的 11.04 亿元增长到 2014 年的 54.7 亿元，增长了近 4 倍；财政收入由 2004 年的 1.01 亿元增长到 2014 年的 6.95 亿元，增长了近 6 倍。

井冈山发展红色旅游，交通、接待等基础设施条件得到了极大改善。据统计，井冈山现有宾招酒店 150 余家，床位 18000 余张，尤其是全国青少年井冈山革命传统教育基地、中信犁坪国际会议中心、中泰来国际大酒店等重大项目的建成，接待服务设施档次大幅提升。井冈山以交通为主的基础设施建设取得了长足发展和质的突破。2005 年 3 月建成通车的泰井高速公路，为全国第一条通往旅游景区的高速公路。吉井铁路直达井冈山市新城区，现已开通至北京、上海、深圳、南昌、九江等城市的列车。距井冈山新城区 50 公里的井冈山机场已开通直飞北京、上海、广州、成都、厦门、长沙等地的航班。井冈山基本形成以高速公路、铁路、国道、机场为框架的立体交通网络。同时，景区公路完成全面改造升级，农村公路建设也走在全省前列，城乡一体化统筹发展，2014 年城镇化率大幅提高，农村面貌大为改观，涌现了菖蒲古村等一批景观优美的文化村、生态村、民俗村。

井冈山发展红色旅游，大幅度改善了老区人民生活。井冈山直接从事旅游接待、旅游餐饮、旅游服务的就业人员达 4 万人，占全山人口的 25%，旅游从业人员的人均年收入达 24000 元；以当年红军生活的“红米饭、南瓜汤、秋茄子”为主要特色的农家乐有 400 多家，户均年纯收入达 8 万多元。2014 年，城镇居民人均可支配收入 24981 元，同比增长 13.4%；农村居民人均可支配收

图 1-5 黄洋界云海

入 5819 元，同比增长 16.4%。革命老区人民群众安居乐业，社会更加和谐稳定，幸福指数不断提高，井冈山公众安全感列全省 100 个县（市、区）第一名，荣获全省平安建设最高奖项“平安杯”。井冈山先后获得了世界生物圈保护区、国家 5A 级旅游景区、全国文明风景旅游区、国家级重点风景名胜区、中国旅游胜地四十佳、中国优秀旅游城市、国家卫生城市等 30 余项国家级荣誉称号，并成功列入国家自然与文化遗产预备名录。2013 年，井冈山成功入选“国家生态旅游示范区”和“中国十大最具投资潜力旅游目的地”，在江西省 35 个重点景区（点）旅游满意度调查中荣获第一名。

2014 年，井冈山在国家级风景名胜区执法检查中荣获全国第一名，在国家级旅游服务标准化创建中高分通过国家验收，在 2014 年江西省重点景区（点）游客满意度调查中排名全省第一名，同时，荣获“江西省旅游发展十佳县（市、区）”“江西省最美旅游名片”等荣誉；井冈山市茨坪镇获评“中国最美乡愁旅游小镇 30 强”，龙市镇获评“最美休闲旅游乡村（镇）”；井冈山华严文化发展有限公司荣获“江西省服务业龙头企业”称号。

四、井冈山红色旅游发展经验

中国红色旅游发展，从典型经验成果而言，井冈山模式的创造与形成具有强烈的个性色彩，是旅游业在革命老区摆脱贫困，发挥红色资源优势中独有的现象和做法，是当代中国乃至世界旅游业发展模式多样性中的重要而出彩一种，它产生于中国这样一个社会主义国家，发展于中国相对偏远、贫穷、封闭、落后、经济不发达的山区，是一种将中国革命史特别是井冈山斗争史及原创的井冈山精神与优美的山区自然风光，红色文化、民族文化、区域文化与现代旅游理念深刻融会的发展模式。

模式是某种事物的标准形式或使人可以照着做的标准样式。一般指被研究的对象在理论上的逻辑框架，是经验与理论之间的一种可操作性的知识系统，是再现现实的一种理论性的简化结构。

模式一般具有独特性、创新性、稳定性、指向性等特征。

井冈山模式的创新性，体现了中国红色旅游整体系统模式的构建，《2004—2010年全国红色旅游发展规划纲要》和《2011—2015年全国红色旅游发展规划纲要》政策扶持引导，井冈山红色旅游演进过程中当地政府主导，人民群众踊跃参与，并根据形势任务条件和环境变化进行主动创造，突破传统的或现有的观念、做法，跳出旧的窠臼，形成这一旅游新业态的一种结构和运行程序。井冈山在中国革命老区发展选择的问题上，率先提出“红色旅游”新概念，首创“红色旅游”新途径，领先“红色旅游”新业态，突破了传统的革命老区扶贫开发、经济社会发展及中国旅游业态的模式，成为中国红色旅游发展的一面旗帜，世界旅游业绽放的一朵美丽无与伦比的鲜花。

井冈山模式的稳定性，是经过多年的创造性劳动，在其红色旅游发展内在结构上形成了山区、景区、城区，红绿古多彩井冈山，其鲜明的特色会在一定的时期和阶段保持相对稳定的状态，体现一种强大的惯性力量，甚至形成井冈山旅游发展的路径依赖。

井冈山模式的指向性或者说模式的目的性，从系统论的角度看，目的性体现着井冈山红色旅游系统的发展趋向，贯穿于井冈山红色旅游系统发展的全过程。井冈山模式不是自然演进形成的，而是社会经济领域中井冈山旅游发展建构的，它体现出主观的价值导向和价值追求，带有政治、经济、文化、富民指向性或目的性。因此，井冈山模式的目的性、指向性，带来其外溢效益，能够被模仿学习，在一定程度上具有很强的启示和引领作用。比如，井冈山“革命加风光”，“红色摇篮、生态井冈、精神家园”，在发展模式的选择上，指向性或目的性，就曾被全国各地许多革命老区普遍学习。现在，井冈山独特的发展模式，也引起世界的广泛关注。

当年，枪杆子加根据地开辟了马克思主义中国化的井冈山道路。今天，革命加风光创造了中国红色旅游特色化的井冈山模式。其典型经验表现在：第一，“历史红山林好”的井冈山“红+绿”红色旅游目的地保护性开发管理；第二，“红色摇篮、生态井冈、精神家园”的革命圣地+旅游胜地品牌营销；第三，“井冈山精神”主题教育的红色资源+旅游景区红色培训；第四，“红色旅游一体化”的大井冈旅游融合发展格局；第五，“大力开发军事主题游”的井冈山红色旅游优化升级。

第二章 历史红山林好
——井冈山“红+绿”红色旅游目的地保护性开发管理

80多年前，以毛泽东为代表的老一辈革命家历史足迹，是井冈山人民乃至中华民族受之不尽，用之不竭的精神财富。至今有保存完好的毛泽东、朱德、陈毅、彭德怀等旧居19处，有革命旧址100多处，其中22处被列为全国重点文物保护单位，9处被列为省级文物保护单位，49处被列为市级文物保护单位。它们是毛泽东上井冈山思想形成的轨迹，是井冈山工农武装割据的客观基础，是井冈山革命根据地的开辟、建立、全盛和后期斗争的历史见证。井冈山还有众多的纪念设施，有纪念馆2座，烈士陵园及纪念塔、烈士墓11处，纪念碑3座，诗词碑2座，伟人塑像园、地5处。2004年，中央把井冈山革命博物馆改扩建列为全国爱国主义教育示范基地“一号工程”建设项目。2007年10月27日，井冈山革命根据地创建80周年之际，新馆正式开放。井冈山还有红色文化作品且种类繁多，包括诗词、楹联、歌谣、戏曲、故事、传说、标语、漫画，直接鲜明地体现井冈山斗争这一强烈的主题，以富有特色的文化形式，记录井冈山斗争时期的政治、军事、经济、社会的发展变化。它是井冈山斗争时期最重要的一种文化现象，是当时井冈山革命根据地影响最大、受众最多的一种文化。井冈山历史红的资源可以说是全国保存丰富最完好的地区之一，这就为红色旅游文化产品的开发提供了有利的条件。

井冈山是红色的，是一座世界级人文生态宝库；也是绿色的，是一座世界级自然生态公园。井冈山有优美的自然风光，1982年，国务院批准井冈山为第一批全国重点风景名胜区。1991年与1998年，井冈山分别被国家旅游局评为“中国旅游胜地四十佳”之一和“中国优秀旅游城市”；2001年1月，被国家旅游局授予“国家4A级旅游景区”；2007年被评为首批国家5A级旅游景区。

井冈山创造了“历史红山林好”旅游资源产品保护性开发的奇迹。2009年已列入国家申报世界自然与文化“双遗产”预备名录。井冈山的经验模式是十分值得总结和推广的。

一、保护性开发人文型红色资源，打造以茨坪黄洋界茅坪为核心的红色旅游目的地

（一）井冈山红色旧址旧居、人文型资源完好保存

人文型红色旅游目的地是以革命纪念地、纪念物为主要吸引物的红色旅游景区，游客在此主要是对革命圣地和纪念地所提供的图片、文物、遗迹、事迹、纪念碑等进行参观浏览。人文型红色资源既包括革命遗址、纪念场所，也包括与之有关的人造景观。作为红色旅游目的地，井冈山保护性开发人文

图 2-1 茨坪毛泽东旧居

型红色资源主要有：

（1）茨坪景区：井冈山革命博物馆、井冈山革命烈士陵园、茨坪毛泽东旧居、中共井冈山前委旧址、中国红军第四军军部旧址、中国红军第四军军械处旧址、中国红军第四军军官教导队旧址、湘赣边界防务委员会旧址、新遂边陲特别区工农兵政府公卖处旧址、井冈山革命先烈纪念塔（红色烈士墓）挹翠湖公园、南山公园、五马朝天（红军谷）；（2）黄洋界景区：黄洋界哨口、黄洋界保卫战胜利纪念碑、黄洋界红军工事遗址、黄洋界哨口营房旧址、黄洋界红军挑粮小路、黄洋界哨口荷树、八面山哨口工事旧址、双马石哨口工事旧址、荆竹山雷打石革命旧址、大井革命旧址群、上井红军造币厂旧址、百竹园、领袖峰；（3）龙潭景区：小井红军医院、小井红军重伤病员殉难处；（4）主峰景区：五指峰、红军游击洞；（5）杜鹃山景区：朱砂冲哨口工事旧址、黄坳毛泽东旧居；（6）茅坪景区：湘赣边界党的“一大”旧址、八角楼毛泽东旧居、红四军士兵委员会旧址、湘赣边界前委和特委旧址（红军医院）、茅坪红军烈士墓、洋桥湖红四军军部旧址、步云山红军练兵场、湘赣边界第二次党代会旧址、象山庵、湘赣边界工农兵政府旧址、大陇红色圩场、红军被服厂旧址；（7）龙市景区：井冈山会师纪念馆、龙江书院、井冈山根据地烈士陵园、井冈山会师纪念碑、红四军会师广场、古城会议旧址；（8）桐木岭景区：桐木岭红军哨口工事旧址；（9）鹅岭景区：新城战斗旧址、柏路会议旧址等。这些红色资源，一方面采取文物保护的措施，“修旧如旧”完整保存；另一方面活化文物，既让这些珍贵的革命文物原物原貌，又挖掘其历史内涵、人文价值，见物睹人，传播其红色精神。尤其是使其静止的、历史的融入山林好的景色中，使参观旅游者身临其境。

（二）井冈山红色旧址旧居、人文型资源尽数发挥

井冈山历史地位是决定红色旅游目的地吸引力的关键因素。井冈山革命摇篮与圣地的地位决定了其红色旅游资源品位高，正是其重要的历史地位使井冈山享有广泛的知名度，因此，井冈山红色旅游目的地的开发，注重发掘资源在中国革命史上特殊位置和价值，让游客对井冈山形成相对于其他红色旅游目的地更为强烈的吸引力。

井冈山强大的精神内涵是红色旅游目的地的生命力所在。红色旅游是建立在红色资源基础上的一种精神文化产品，具有丰富的精神内涵，也正是这些强大的精神内涵增强了红色旅游目的地的生命力。井冈山所拥有的不只是几处简单的遗址、旧址，更多的是体现了一种精神，这种精神对人具有强大的震撼力。井冈山精神已成为具有世界遗产意义的“红色精神”，这种精神赋予了红色旅游目的地深层次的内涵，使井冈山红色旅游具有强大的生命力。井冈山的开发十分重视科学凝练和升华这种精神，注重把井冈山革命遗址遗迹中蕴含的精神放在整个中国革命历史的大背景下加以诠释，并以多样化的方式向游客展示出来，让游客受到井冈山精神的浸染，达到旅游教育的目的。

图 2-2 大井毛泽东旧居

井冈山景区展示的多样性增强红色旅游目的地的吸引力。传统人文型红色旅游目的地的展示多是简单的图片展示和橱窗式的文物陈列，这种展示方式较为单调。实践证明，人文型红色旅游资源展示的方式越丰富，其旅游目的地的吸引力就越强。井冈山景区建有革命博物馆、黄洋界保卫战影视馆，井冈山雕塑园、井冈山碑林、建军广场，旧址旧居情景复原等，这些展示手段的多样性，丰富了红色旅游的展陈形式和活动项目，增强了人文型红色旅游目的地的吸引力。井冈山这些红色旅游资源展示又与现代科学技术相结合，采用声、光、电和影视模拟等技术，对红色文化和景点内容进行动态展示，重现当年井冈山革命先辈工作、战斗、生活、劳动的场景，活化历史。井冈山在人文型红色资源开发中，还注意吸引旅游者进行参与和体验，达到人景互动的效果，使红色旅游教育功能得到更好的发挥。

井冈山人文型景区景点的开发尊重历史文化的真实性。井冈山红色旅游组织开发者认为，井冈山红色旅游目的地的展示手段可以采取现代科技，但在宣传内容和建筑风格上，一定要保持革命历史的原本真实风貌。井冈山红色旅游的价值在于原原本本地反映革命先辈当年的艰辛和奋斗历程，对游客的思想政治观念进行正确的引导、教育。游客看重的不是胜地、遗址的现代化，而是井冈山革命斗争历史文化的真实性。

真实性越强，红色旅游的教育功能发挥得越好。红色旅游要对游客传递革命历史的真实信息，让游客感受到真实的革命精神，只有这样才能确保红色旅游教育目的的实现。井冈山人文型红色旅游目的地在开发过程中，充分尊重革命历史的严肃性，强化对重大事件、重要人物以及在民间留存的红色文化等遗存真实性和完整性的保护，重点保护景观所呈现的原生态的历史感和沧桑感，突出红色旅游井冈山的地域性，以确保井冈山红色旅游开发真正寓教于游。

（三）井冈山红色旧址旧居、人文型资源多彩展现

井冈山将红色旅游与当地民俗、风情、庐陵历史文化相结合，将红色旅游主题融入地域文化中，使红色旅游呈现出独特的地域文化特色，保证了其旅游产品的独特性和生命周期的可持续性。

井冈山革命根据地区域有着丰富的民俗文化，尤其是客家文化、客家民居、客家服饰、客家美食、客家歌谣等，还有井冈山地处吉安辖区，吉安具有浓郁的庐陵文化，庐陵乃文章节义之邦，人杰地灵，文天祥、欧阳修、杨万里、解缙等数以百计的名人，使吉州文化源远流长，井冈山红色旅游的开发与庐陵文化、客家民俗旅游有机结合，丰富了旅游产品，增强了井冈山红色旅游目的地的文化底蕴。井冈山民俗风情提升红色旅游目的地品位。

井冈山革命前辈的传奇故事、英雄事迹丰富了红色旅游目的地的内容。红色旅游目的地是以革命遗址、遗迹为主要吸引物，井冈山的每一处遗址、遗迹都记录了革命前辈的传奇故事和英雄事迹，这些意义重大的历史人物和历史事件也丰富了红色旅游目的地的内容。井冈山十分重视把那些无数可歌可泣的感人故事和催人奋进的崇高精神以多种形式表现出来，使每一个传奇故事、英雄事迹都成为好的旅游产品，以丰富的内容向游客传递井冈山红色精神、红色文化。凡到过井冈山旅游的人都能感受到，走上井冈山你一眼能看到满大街的红色文化元素的口号标语或店铺标牌，你时刻能听到红歌演唱、视频播放，景区景点、商场、饭店宾馆、车站等都有井冈山红色宣传品、书籍、光盘、打开电脑手机，也都有井冈山的故事。

图 2-3　朱砂河水

井冈山极具特色的地方物产为红色旅游目的地发展拓展了空间。如满山遍野的井冈翠竹，高山栽种的红米、南瓜、茄子等，不仅可以激发游客旅游购物的兴趣，还丰富了红色旅游的内容，扩大了游客市场。井冈山红色旅游目的地的地方物产，勾起了人们对革命战争时期红军的战斗生活的回忆，为红色文化的展示增添了色彩。井冈山的红米饭、南瓜汤是当地极具特色的饮食，也是当年革命前辈的主要食物。品尝红米饭、南瓜汤已成为井冈山红色旅游目的地的一项特色活动内容，是一种将地方特色融入红色文化中传播的成功尝试，进一步拓展了红色旅游目的地的发展空间。

二、保护性开发复合型自然资源，打造井冈山雄、险、秀、幽、奇为一体的红色旅游目的地

红色旅游作为一种特殊旅游类型，具有与其他类型旅游复合发展的基础，可以形成独具地域特色的旅游产品体系。红色旅游资源多与自然生态、民族历史文化等旅游资源相伴生，与旅游、民俗旅游等密切结合，从而形成复合型的旅游目的地。井冈山绿色生态环境为红色旅游提供优美的自然环境，如龙潭和金狮面、井冈湖、水口、红色桃花源、杜鹃山山上景观、井冈漂流、龙目潭瀑布、石燕洞、石姬与石姬茶缘、罗浮、玉鹅耸翠、牛头冲、热水洲温泉、仙口小三峡（仙口峡、观音峡、温泉峡）、严岭嶂、湘洲人家、井冈山自然保护区珍稀动植物等景区景点。

井冈山虽地处偏僻，但山川秀丽、景色宜人，在拥有丰富的红色资源的同时也具有良好的生态环境，其本身就处在国家风景名胜区内，因此，井冈山在发展红色旅游中采取与生态环境旅游相复合的方式进行开发。井冈山红色资源的知名度使当地优美的绿色景观和良好的生态环境成为绿色旅游产品，这些绿色旅游产品也对红色旅游形成强劲的支撑和有效的补充。从而形成“以红色为基调，以绿色为补充”，以“红”带“绿”，以“绿”衬“红”，红绿交相辉映的旅游发展模式。井冈山既是毛泽东、朱德、陈毅、彭德怀等老一辈革命家战斗过的革命根据地，又是国家级风景名胜区，是绿色生态环境与红色旅游复合发展的典型。

井冈山地区是历史文化资源、自然资源、红色资源都十分丰富的地区，这一地区红色旅游资源的开发与当地的历史、民族文化、自然景观相结合，采取复合发展的模式，提升了红色旅游目的地的观赏价值。朱、毛红军在井

冈山斗争时期的宁冈、永新、遂川、莲花、炎陵、茶陵等地区，不仅有丰厚的红色革命文化，还拥有丰富的自然生态景观和深厚的历史文化沉淀，是集“红色”“绿色”与“古色”于一体的复合型红色旅游目的地。井冈山红色旅游目的地在旅游开发中充分满足旅游者多种类型的旅游需求，使游客既能受到革命精神的熏陶，又能了解当地的民俗风情，观赏当地的自然风光，井冈山结合当地的自然风光、山水地貌和特有的民俗开展的地质探险游和客家风情游，都是井冈山红色旅游资源与当地旅游资源整合的成功范例。井冈山把革命文化、历史文化、民俗文化、绿色生态融为一体来发展红色旅游，形成井冈山具有湘赣边界文化特色的复合型红色旅游目的地。井冈山红色旅游与生态旅游、乡村旅游、古迹旅游、观光旅游等多种旅游形式的有机结合，形成了红色旅游的可持续发展，并成为中国红色旅游经典景区。

井冈山实践经验证明，单纯的红色景观对游客的吸引力是有限的，一般游客是不会优先选择纯粹以红色产品为吸引物的旅游目的地，这使单一类型红色旅游的游客市场范围相对狭小，很难独立支撑当地旅游业的发展，而且红色旅游资源与其他旅游形式有着很强的融合性。井冈山在旅游开发中摒弃“单一红色”的传统观念，走多样化、综合化发展的道路，形成一种综合性强、市场覆盖面大，依托红色、超越红色的新型红色旅游发展模式。这种以红色旅游为主体，多彩发展多元产品消费，使井冈山作为红色旅游目的地在全国占有领先的地位。

井冈山的自然风光，融雄、险、秀、幽、奇为一体，毛泽东诗赞：“参天万木，千百里，飞上南天奇岳。故地重来何所见，多了楼台亭阁。五井碑前，黄洋界上，车子飞如跃。江山如画，古代曾云海绿。弹指三十八年，人间变了，似天渊翻覆。犹记当时烽火里，九死一生如昨。独有豪情，天际悬明月，风雷磅礴。一声鸡唱，万怪烟消云落。”这是毛泽东 1965 年 5 月 22 日至 29 日重上井冈山写的两首以井冈山为题的诗，这一首是《念奴娇·井冈山》；另一首是《水调歌头·重上井冈山》，诗中有“到处莺歌燕舞，更有潺潺流水”，“过了黄洋界，险处不须看”的优美诗句。朱德重上井冈山时亲笔题词：天下第一山。著名文学家郭沫若当年畅游井冈山后，也感慨万千，挥笔写下了“井冈山下后，万岭不思游”的赞美诗句。井冈山的雄、险、秀、幽、奇，吸引了八方游客。

图 2-4 山水如画

雄

“雄伟的井冈山，八一军旗红”的歌曲，传遍祖国大地山川、城市乡村，许多旅游者是听着唱着这首红歌奔向井冈山的。

井冈山的雄，首先是有雄关，工农武装割据，中国革命的第一个农村根据地在井冈山开辟，毛泽东选择井冈山很重要的因素就是井冈山易守难攻，有关隘便利设哨口，有竹木便利土制竹尖滚木武器，有海拔超过千米的山峰有险可守。

其次是有雄兵，井冈山朱、毛大会师创建了工农革命军第四军，朱、毛、彭会师创建了工农革命军第五军，井冈山的红军是中国人民解放军的雄风劲旅，是土地革命战争时期、抗战时期、解放战争时期主力中的主力，王牌中的王牌，是为新中国成立立功勋，为社会主义建设和改革开放建伟业的铁军，从井冈山走出了开国上将、中将、少将和省部级领导干部。他们的雄才大略，文治武功，忠诚坚毅，让世人向往敬仰。

再次是有雄魂，老一辈革命家和牺牲的英烈，铸造的井冈山雄魂，原创的中华民族的井冈山精神。井冈山精神对于一个国家、一个民族、一个政党、一支军队、一个企业，乃至一个人，都具有信仰的价值和励志奋发的动力鼓舞。井冈山的雄，给人们血性，以力量、以不屈、以永远挺直的脊梁、不倒的身躯，以丰碑式的红色精神符号。

险

井冈山的险，有自然的险关、险隘、险地、险峰，更有斗争的险情、险象、险恶、险胜，以"险"刺激旅游者，开发各种带有一定的危险度又可控，使旅游者在亲历之后增强胆魄胆识的项目。以"险"磨砺旅游者，是通过设计和利用艰险困苦的生存环境，追求"险"的效果，使置身其中备尝艰险的旅游者，由此得到意志的磨炼和毅力的升华，并使之变得更加坚强。

一个人要想生平有所成就，最好要经受一番艰险困苦的磨炼。因为有此共识者不在少数，所以开发以"险"为卖点的旅游产品，其市场潜力是很大的。井冈山以"险"刺激旅游者的活动项目，主要有：

一是寻踪类涉险活动。让旅游者参观井冈山黄洋界、桐木岭、双马石、朱砂冲、八面山五大哨口活动项目。这既是对旅游者"过了黄洋界，险处不须看"意志胆识的一种考验，更是对红军官兵浴血奋战、保卫黄洋界、保卫井冈山革命根据地牺牲精神的一种感念。

二是攀爬类涉险活动。让旅游者在井冈山景区内登险峰、攀峭壁，以求不断超越，此类涉险活动带有很强的励志意味，对于人们提高耐力和韧劲，强化其意志和毅力，都很有好处。

三是项目类涉险活动。井冈山黄坳国际山地车运动，既有运动竞技性，又有旅游休闲性，很受旅游者欢迎。

四是探秘类涉险活动。主要是让旅游者深入井冈山的次原始森林峡谷和洞穴等，去解开大自然的奥秘，这类涉险活动让人觉得新鲜好奇，带有一定求知的成分，对许多旅游者颇有吸引力。

秀

井冈山的秀丽秀美，陶醉旅游者。井冈山市的城市之秀，有景观建筑，茨坪城区中的花架、藤蔓架、亭榭、走廊、门楼、平台、假山、喷泉、水景、草坪、甬路、木栈道、艺术栅栏等，供观赏和休憩，愉悦心情。井冈山旅游开发时，都别出心裁，独具匠心地将有关景观建筑点缀于旅游地的合适地点，成为引人入胜的景观元素。还有井冈山的建筑，如地标性建筑物井冈山革命博物馆，具有很高的美学价值与观赏价值，是井冈山景区的视觉中心，也是接受井冈山斗争史与井冈山精神教育的经典景点，中国井冈山干部学院既是一所干部培训教育的机构，又是一处知名建筑。中外闻名的井冈山宾馆，是20世纪50年代的建筑，它既是一栋独具特色的建筑物，又是毛泽东、朱德等老一辈革命家、参加过井冈山斗争的开国元勋，上井冈山下榻的地方，具有历史与建筑的文物价值。

井冈的秀，人行道旁的绿化，隔离的绿化带，都给人景观视域之美。花朵颜色、花朵香型、枝干形体、葆绿季节、叶片稀密，花木、灌木、乔木的顺序，都十分讲究，让人感到城在花中，花在城中，人随花行，花飘四季。井冈山的雕塑也具精湛技之美，井冈山北山人物雕塑园，天街、挹翠湖的雕塑作品，景区街心的毛泽东雕像都是精美秀逸的艺术品。因此，旅游者到了井冈山时时被“秀”景留住。

幽

井冈山幽深的山谷、幽静的环境、幽美的景色、幽香的花卉、幽雅的风姿、幽闲的时光、幽远的意境，让旅游者心旷神怡。

幽是人生追求的一种生活方式，古往今来莫不如此。现代繁华的都市生活，紧张的学习工作，竞争的超负荷压力，无论是从政、经商，还是其他职业人士，都比任何时候更加向往“桃花园里可耕田”的幽静心情。井冈山利用历史红、山林好的宝贵资源，打造以“幽”为卖点的旅游度假胜地。一是山水相依环境营造“幽”。在茨坪中心景区一座人工建造的挹翠湖、井冈山主峰景区井冈湖、龙潭景区的瀑布，还有百竹园、杜鹃花景区，都处处显幽静，景景有幽美。二是景区功能体现“幽”。井冈山的街区，在功能设计上，以幽见长。红军路高耸的水杉，就像高大威风的哨兵静静地站立，繁华的天街游客络绎不绝，特色纪念品、店铺、餐馆成排成行，但没有嘈杂的歌厅、舞厅、迪厅，没有喧嚣的杂音，凌晨或夜晚十点以后，这里的黎明静悄悄，或是今夜温馨入梦。三是优质服务注重“幽”。井冈山旅游景区的标志牌停车场规范明确，观光旅游车行驶没有扰人的汽车喇叭声，背景音乐、讲解导游提示音量适度，博物馆、纪念馆、烈士陵园、革命遗址旧居群参观瞻仰井然有序，组织有计划、有程序、有节奏，给游客一种幽静的氛围。

奇

黄洋界奇幻的云海，彩虹瀑布奇美的景观，陡峭的奇峰，朱、毛红军战斗的奇迹，老一辈革命家的浴血奋战传奇，都使旅游者充满好奇心。以奇吸引旅游者，开发井冈山旅游产品赋予其与众不同的营销品质，使旅游者选择井冈山为红色旅游目的地，并获得市场的青睐。

作为已经名声在外的井冈山红色旅游目的地，正是凭借出"奇"制胜，以"奇"揽客，占领红色旅游目的地的优先客户群，并使之"奇货可居"。

三、保护性开发多样型旅游产品，打造井冈山革命化、人性化、百姓化的红色旅游目的地

在人们旅游需求多样化的今天，单纯的红色旅游产品已经不能满足市场的需要，产品内涵的丰富将是促进市场发展的途径之一。井冈山红色旅游千方百计扩展产品链，完善产品结构，以井冈山红色文化为主线，兼顾"绿、古、俗"，即在充分挖掘红色旅游资源的同时，合理融入生态、历史文化、民俗风情等产品要素，与当地观光、休闲、度假等旅游产品相连接，在保持红色基调的基础上，向其他旅游形式扩展。把红色旅游与绿色旅游结合起来，把人文景观与自然景观结合起来，把革命传统教育与促进旅游产业发展结合起来，这样不仅增强了井冈山红色旅游的吸引力、感染力，而且有利于维持充足的客源，提高游客的消费水平，延长游客在井冈山的停留时间，从而提高井冈山红色旅游目的地的经济收益。

（一）井冈山红色旅游工作实施革命化管理

1. 讲究政策性严肃性主体性，保证井冈山红色旅游目的地的本色

井冈山红色旅游对于加强革命传统教育、爱国主义教育、弘扬中华民族精神具有重要意义，这是一般旅游产品所不具备的一个明显特点。因此，井冈山红色旅游发展受到各级党政部门的鼓励和扶持，能够享受政府专门的拨款，定期进行维护、维修。新闻媒体对井冈山进行义务宣传报道，有助于塑造良好的旅游场整体形象。有关部门组织的参观学习活动，可以保证基本的

客流量。这是一般旅游场所不具有的一些优势。井冈山红色旅游管理善于充分利用这些优势，始终把握国家政策方向，坚持把社会效益放在第一位，发挥红色旅游教育的功能，以最大限度地争取国家的政策性鼓励和扶持。

红色旅游的魅力和潜在的巨大市场，在于它忠于历史的严肃性和深厚的红色文化底蕴。作为具有特殊意义的红色旅游目的地，中国革命的摇篮与圣地，在引进旅游经营理念时，充分尊重革命历史的严肃性，坚持庄严、肃穆、令人敬仰的原则进行开发管理，注重集革命传统教育、爱国主义教育和旅游观光等价值于一体，以确保红色资源开发真正达到寓教于游、传播红色革命精神的目的。

红色旅游是“红色”和“旅游”的有机结合，红色是核心要素，红色是主题主线，红色是本质，强调精神文化传承，突出中国革命史的旅游教育，要用中国话语讲透红色中国故事，这是红色旅游区别于其他旅游的根本所在。旅游的六要素，也要服从或服务于这一特殊属性，必须切合“红色”主题。井冈山在红色旅游产品的开发中，始终把主导性红色旅游产品的开发放在第一位，在原有红色旅游产品的基础上，构建完善的红色旅游产品体系，凸显红色旅游主题，打造有特色的红色旅游产品品牌。同时，重视其他配套产品的开发和设计，使产品类型与主导性红色旅游产品类型相互补充，从而完善产品结构，最终在旅游目的地逐步建立一个以红色旅游主导性产品为基础，其他旅游产品占有一定比重的多元化旅游产品体系，从而增强井冈山红色旅游产品的吸引力，不断刺激旅游需求的增长。

井冈山发展红色旅游之所以没有走泛娱乐化、媚俗化、单纯市场化的路子，就是在政策性、严肃性、主体性管理，革命化建设上下功夫。当然，红色旅游作为一种崭新的旅游形式，必须受到旅游业发展规律的制约影响，也受到旅游经济效益市场化的驱动。井冈山找准旅游与红色资源的结合点，合理开发，不断地创造和推出红绿结合、红绿古结合等寓教于游、寓游于乐的多彩井冈山，人性化百姓化的旅游产品。

2. 实施政府主导战略，加强政策扶持

发展红色旅游必须实施政府主导战略。井冈山的经验是党委政府主抓红色旅游，一把手抓红色旅游，无论领导如何变动，大事如何调整，一张红色旅游蓝图干到底。井冈山从 1995 年开始，将发展红色旅游作为支柱产业，党委、政府及职能部门齐抓共管，相互配合，形成了一套良好的管理机制和体系。为了把井冈山旅游产业做大做强，促进井冈山旅游又好又快地发展，2005年江西省委省政府及吉安市委市政府，专门报批成立井冈山管理局。强化了管理队伍，确权了管理职能，形成了管理体系和办法，一个由井冈山市委、市政府、管理局组成的统一的领导机构，较好地理顺了各方关系，调动各方积极性发展红色旅游，这在全国是罕见的。实施政府主导战略，一方面与党中央、国务院、江西省、吉安市关于发展红色旅游的政策规划对接，得到上级政府给予政策及资金的支持；另一方面本级政府加大投入，景区的道路，通信、旅游服务标志、餐饮、住宿等基础设施，形成红色旅游景区的自我发展能力。

井冈山坚持重点扶持政策，引导各类企业、社会组织参与红色旅游的配套基础设施建设、环境整治、生态保护和经营。旅游是一个关联度极强的产业，涉及交通、建设、财政、文化、环境等众多部门和行业，红色旅游的开发和建设是一个系统联动工程，需要很多相关部门的共同参与。红色旅游资源作为一种公共资源，需要采取政府参与管理和市场经营相结合的方式。开展旅游活动必须经过严格的审查，对于革命旧址旧居，政府投入大量资金加以修缮保护，使这些不可复制的红色国宝、代表的宝贵精神遗产和光荣革命传统发挥有效功能作用。井冈山的红色资源，政府在保护开发中以严肃的政治责任、严谨的工作态度，对红色旅游市场监督、管理、引导，并对旅游活动及项目的开展严格审查。旅游项目要寓教于乐，但不能歪曲革命历史或过分娱乐化，违背革命历史教育的初衷。对于扰乱红色旅游市场，提供不健康红色旅游项目或产品的企业，则坚决不予准入。

3. 科学编制规划，突出井冈山历史红山林好主题

紧扣“红色摇篮、生态井冈、精神家园”旅游品牌，深化“世界文化与自然遗产地”“国际杜鹃花节举办地”“红色旅游高峰论坛地”“国民素质提升地”的内涵，科学布局茨坪、黄洋界、龙潭、主峰、杜鹃山、茅坪、龙市、桐木岭、仙口、湘洲以及井冈山珍稀动植物自然保护区，让每一个景区景点都彰显红色主题和绿色宝库的魅力。在保护优先、科学利用的前提下，编制红色旅游与运动休闲结合，如黄坳国际山地自行车赛场，红色旅游与乡村旅游、生态旅游、会展旅游、森林旅游、民俗旅游及名镇小镇结合，使井冈山

涌现更多新亮点、新经典。

井冈山红色旅游经过多年的发展，迎来了一个全面提升、全面推广、全面建设的新阶段。红色旅游的规划不同于一般的旅游规划，需要认真挖掘红色精神实质，挖掘红色旅游的独特内涵与规律，要通过规划，认真提炼主题，设计有吸引力的红色旅游产品。井冈山红色旅游景区坚持保护性开发原则，实施“严格保护，统一管理，永续利用”的可持续发展战略。总体规划中具体的景点修建、景区道路安排、旅馆等旅游设施的设计和建设都遵循旅游地容量指标，以使红色旅游景区的各个组成部分在日常运转中能够协调。同时，密切注重自然生态环境的保护，对旅游景区的环境容量严格评估，将旅游活动严格限定在生态承载力的范围之内，必要时限制总体游客数量，不让游客数量超过承载力，防止严重的环境污染事件的出现。

井冈山发展红色旅游发挥管理优势，做到了不急功近利，没有恶性开发。始终在保护的基础上开发，在开发中实现更有效的保护，使红色旅游资源的保护与开发实现双向互动、和谐统一，在取得社会效益的基础上谋求经济效益，从而带动井冈山红色旅游目的地的发展。

4. 提高导游讲解服务人员素质，推广井冈山红色旅游目的地品牌形象

导游讲解服务人员，是旅游景区的形象名片。红色旅游目的地景区导游讲解服务人员是红色旅游文化的直接传递者。井冈山是声誉远播的全国红色旅游经典景区，对导游员、讲解员的要求更高，管理更严。相对于一般山水风光游、民俗风情游，他们不仅要具有清晰伶俐的讲解技巧，端庄大方的仪容仪表，更要有正确的政治态度、饱满的政治热情，还要通晓井冈山斗争史，了解熟悉中国革命史。

红色旅游的政治性、严肃性、历史真实性，决定了红色旅游的讲解不同于自然景观和一般的人文景观讲解，不能人为地尽情演绎发挥，更不能戏说，要尊重历史，尊重事实，因此，井冈山管理局、井冈山市委、市政府十分重视井冈山导游词的撰写工作，经过两年多的整理，编撰了一部 33 万字图文并茂的井冈山导游词正式出版。它以点代面、系统精练地归纳了井冈山旅游景区景点红绿辉映的旅游特点，成为规范导游讲解人员的基本教材，培训导游讲解人员的标准读本。这样，导游讲解员就能做到在不偏离历史的情况下，声情并茂，从而保证红色旅游的教育效果。井冈山红色旅游除培养一批专业

图 2-5 荆竹山拓展基地

知识丰富、讲解技巧与综合素质较高的讲解人员和导游队伍，并定期进行培训、提高专业队伍水平以适应不断变化的市场需要外，还吸纳人才，配备和增加高素质的研究性专家型讲解人员与宣讲井冈山精神。

（二）井冈山红色旅游产品实施人性化营销

1. 研究井冈山主要客源特点，认真分析和调查客源市场，了解旅游者不同的需求和心理，有针对性地开发红色旅游特色产品

目前上井冈山参加“红色旅游”的游客主要有：一是具有特殊的思想和政治教育意义的集体考察，其主要形式为公费旅游，主体是中青年干部和军人；二是为接受革命传统教育，激发爱国热情和艰苦奋斗精神的学习团体，以青少年学生和企业员工为主；三是“银发族”主要是离退休老干部、老职工。根据对北京、上海、广州、深圳、珠海、武汉、南京、厦门、南昌等客源市场的调查，前两个方面的客源数量大、旅游参与积极性高、购物潜力大，井冈山在旅游市场开拓和针对不同年龄、不同职业、不同地域的游客提供优

质、个性、订单式的服务。

2. 结合井冈山景区的不同特点，加强体验式开发

根据井冈山各旅游景区的不同特点，采取灵活的经营模式，将红色旅游资源与一般物质性资源如草、木、泥、竹、石、矿、布、水等结合起来，重点推出能够带给游客不同体验的红色旅游特色产品。参与体验是增加游客停留时间的有效手段，是增加红色旅游目的地吸引力的重要途径。旅游者以参加者的角色去完成对井冈山红色精神内涵的深度体会，而不是仅仅以旁观者的身份去简单机械游览井冈山革命旧址旧居。井冈山红色旅游产品通过参与性和体验性设计，把枯燥的历史遗迹、抽象的文化景观、文化事件过程化、生动化。通过角色扮演，让旅游者融入井冈山斗争生活，以更好地体验历史文化中的社会角色。如让旅游者换上红军服装，进行体验一天朱、毛红军生活等活动，极大地激发了大众旅游者的兴趣。

3. 重点推出符合井冈山主题利于身心健康的产品

红色旅游特色产品和商品，必须与景区的“红色旅游主题”相结合，而不能无根据地随意发挥，否则就成了“无本之木”。井冈山坚持红色旅游文化特色，开发与景点相匹配的产品和商品。如井冈山斗争时期朱德军长挑粮上山用过的扁担模型，还有既能反映当年时代特色，又有利于现代都市人放松身心、亲近自然的产品，如草鞋、布鞋、布衣以及用野菜、杂粮制成的食品等，这样既显示了特色，又能让旅游者更好地了解井冈山斗争历史，使游客在参观游览购物中，寓教于游、陶冶情操。

井冈山红色旅游特色产品和商品的开发广借外力。在资金筹措上，广泛动员社会各方面的力量，制定并实施各项优惠政策，拓宽融资渠道；在人力技术上，采取技术合作或委托生产的方式寻求大型企业的支持；在样本设计上，通过各种奖励形式面向社会征集作品或游客自己参与设计，并注重井冈山红色旅游商品品牌的保护。现在，井冈山的商标进行了品牌注册，井冈山的红色旅游产品和商品与北京、上海、广州、深圳等许多企业有广泛的合作，井冈山并与全国一大批知名的专家、教授、工艺设计大师、旅游行业领军人才建立了密切联系。走进井冈山，一大批既精美独特、品质过硬，又具有纪念性、感染力、亲和力和吸引力的红色旅游商品，充分地满足了游客的需求。

（三）井冈山红色旅游产品实施百姓化开发

井冈山开发独具革命特色的红色旅游产品增加了红色旅游收入，使老百姓从发展红色旅游中得到更多实惠。作为凝聚井冈山革命历史和革命精神的有形载体，红色旅游产品还可以强化和宣传井冈山红色旅游形象，延长游客的旅游经历，增强对井冈山革命精神的了解。井冈山红色旅游商品的生产，以富有地方特色的手工艺和土特产品为主，开发井冈山餐饮系列，井冈山文化旅游产品系列，这样既推动了传统手工作坊的发展，改善了贫困山区的产业结构，提升了革命老区经济结构升级和美丽乡村建设，又增强了井冈山红色旅游目的地的竞争力和旅游品牌效益。

1. 井冈山“红色手工艺品”系列

以民间手工艺为载体，以红色文体为内涵，开发系列红色手工艺品，如：（1）雕刻工艺品。例如伟人塑像（铜像、瓷像），刻画像（水晶、玻璃、瓷盘）；红军形象（陶、瓷、木）雕塑；毛泽东诗刻（人造水晶薄片、磨砂玻璃等）；井冈山红军木刻、竹刻等文物，按一定比例缩制成金属或陶木材质的工艺品。（2）红色装备。例如红军帽（斗笠、草帽、藤编）、红军鞋、红军包、红军装、红军拐杖、红军武器（各式刀具、红缨枪、军号、枪炮等）、竹编系列，以竹制品反映伟人诗词等红色文化的系列手工艺品。

2. 井冈山“红色土特产品”系列

发挥井冈山革命老区土特产品丰富等优势打造一批“红色土特产品”，如红米、南瓜干、红军野菜（蕨菜、木耳、香菇、笋干等）系列。

3. 井冈山“红色旅游特色邮品、纪念币（章）”系列

凡遇井冈山重大节日和纪念日，都制作精美的井冈山纪念币、纪念章、纪念邮票等。

4. 井冈山红色旅游出版物系列

发行从井冈山走出的共和国开国领袖、将帅的音像制品、传记、回忆录、文选、史料、画册、诗词、手迹选等。井冈山为各个旅游景点设计系列纪念品，将伟人塑像、纪念章、纪念邮票等制成精美、纪念意义强的旅游商品，编号售卖，限量发行，以增加游客珍藏的欲望，刺激游客购买。特别结合井

冈山红色培训热，力推红色读物、红色经典影片，红色书屋，让前来井冈山旅游者购一种红色读物，留一份历史记忆，传一路红色精神。

5. 井冈山红色旅游特色餐饮系列

（1）红军宴

餐饮既是增加旅游收入的重要环节，也是增加游客体验、突出红色主题的重要载体和手段。充分挖掘餐饮的红色文化内涵，精心策划和设计，重点实施“红军可乐”（以井冈山土制米酒）为载体，精心设计一套红军宴。菜是山野生态的当年红军吃的菜，米是红米，还有各种烹饪手法做的南瓜汤、南瓜饼、南瓜叶、南瓜花等，让游客品红军菜肴，留红军记忆。

（2）井冈土特产宴

发挥井冈山地方餐饮极具特色的优势，充分挖掘餐饮中的红色文化内涵，精心设计井冈山土特产宴。策划四宝：辣椒、竹、鱼、井冈豆皮。如今，这些餐饮佳肴，不仅在井冈山广受欢迎，还流传到了北京、上海、广州等大城市，井冈豆皮这道菜，不仅进了大众餐馆，还上了星级饭店的点菜单。

（3）井冈红歌宴

以当地歌舞为特色，歌唱共产党、歌唱井冈山、歌唱美好生活。菜单均为本地山区产，如鱼肚笋衣、小竹笋、薯包、野鸡石耳、井冈茶叶蛋等，在红歌中品美食，旅游者留下回味无穷的印象。

（4）客家宴

将客家餐饮与红色旅游紧密结合，开发客家宴。尤其袁文才、王佐是井冈客家人，他们是井冈山革命根据地主要创始人之一，朱毛红军与袁文才、王佐有过历史交往。游客在品尝客家宴时，又是在了解井冈山斗争史，接受井冈山精神的洗礼。

6. 井冈山红色旅游文化系列

在人们旅游需求多样化、多元化的今天，单一的红色旅游产品不能满足市场的需要，文化与旅游的融合发展，强化文化旅游的特色，是红色旅游发展转型升级的必然要求，也是红色旅游产业化发展的必须选择。井冈山的做法是：

（1）打造一台大型实景演出《井冈山》晚会

大型实景演出《井冈山》，由国内著名实景演艺策划公司创作并投资，采取情景再现的手法表现当年井冈山的烽火岁月。选址在井冈山市城区厦坪，演员是当地的农民，采取市场化销售门票收入的方式，成为井冈山红色旅游必看的项目。

这台晚会挖掘提炼井冈山红色文化和精神，并具有区域特色，深受游客的喜爱。

（2）推出一系列井冈山红色旅游“六个一”产品

即游客吃一顿红米饭、南瓜汤红军套餐；走一段红军走过的挑粮小道；听一堂革命传统教育课；祭扫一次红军烈士墓；唱一首井冈红色歌；演看一场红色旅游歌舞晚会。

（3）每年举办一届“国际杜鹃花节”

通过举办节庆，既是一种宣传营销，又是文化旅游搭台，招商引资唱戏。还可举办年度井冈山红色旅游高峰论坛和红色培训高峰论坛，以论坛的形式总结推广井冈山红色旅游目的地的形象。

（4）制作发行一系列红色旅游影像书刊出版物

电视连续剧《井冈山》、电影《井冈恋歌》，以及《井冈山画册》《走读井冈山》等。

（5）打造一台群众和游客参与的井冈红歌会。

以井冈山红色歌谣、革命歌曲为题材，以广场为舞台，以红色文化歌舞为形式，让游客在旅游休闲之余，自愿参与体验。

（6）制作一套井冈山 MTV

以红色旅游景点和山水风光为背景，制作一套革命歌曲 MTV。

第三章 红色摇篮　生态井冈　精神家园

——井冈山革命圣地＋旅游胜地红色旅游品牌营销

旅游产品的不可移动性决定了旅游产品要靠品牌形象的传播，使其为潜在旅游者所认知，从而产生旅游动机，并最终形成出游行为。

井冈山旅游品牌营销，就是针对目标市场确立，建立一个独特的景区品牌，并对景区品牌进行设计、传播，从而在旅游者心中占据一个独特地位的营销过程。

图 3-1　龙市会师广场

一、塑造井冈山旅游总体形象

井冈山的知名度很高，名气很大，但怎样塑造旅游总体形象，塑造什么样的旅游总体形象至关重要，也是品牌营销的核心。品牌是产品和服务与消费者各种关系的总和。它既是某种标志、符号，又是消费者消费某种产品的体验和感受。

井冈山是革命圣地，又是旅游胜地，怎样做到从业者的口评好，消费者的口碑好及经营的口述好，将营销工作做到旅游者的内心深处，从而树立一个好品牌。

井冈山的经验是创作旅游总体形象宣传词，为塑造旅游形象提供关键支撑，同时充分展示旅游形象将其付诸实施，从而使其鲜明的形象在旅游市场有效地塑造起来。对于井冈山旅游总体形象，是井冈山呈现给旅游者的综合特征，而不是零零碎碎的局部特征，它的关键便在于“总体”二字。它也是为旅游功能定位所影响，是观光型，还是休闲型；是度假型，还是升华型；它的主导旅游产品，主要旅游服务与各类旅游环境是怎样共同呈现，总体旅游形象如何，是旅游开发行为累积对旅游功能的定位，今后旅游运营时准备主打什么“牌”决定的。

红色摇篮、生态井冈、精神家园，是井冈山旅游总体形象宣传词，是经过精心提炼，高度概括，并用之于宣扬、传播的精练词句，是井冈山旅游运营打的“牌”。

井冈山旅游总体形象宣传词，它准确地反映了革命圣地和旅游胜地的市场定位，概括了井冈山旅游特征，提炼了关键词汇，设计了出彩基本句型，讲究了语言音韵，营造了魅力意境，打动了亿万受众，让人产生了崇高感和亲近感。

二、展示井冈山旅游总体形象

一个旅游地，当其费尽心机地开发了旅游产品，完善了配套设施，具备了接待条件时，就是企盼客如潮涌。然而还需要旅游市场“广泛认知”与“高度认可”，作为红色旅游目的地城市景区的井冈山，是怎样在一个不太长的时期里技巧性地展示其形象，营销其品牌呢？

（一）高明定型：红色吸引人　绿色留住人　情景感染人

井冈山红色旅游是以革命摇篮与圣地的资源为核心吸引力，集观光、体验、休闲、研学、培训、会议、农家乐、乡村游大型娱乐活动、山地运动、文化创意等综合业态于一体的全国著名红色旅游经典景区。

自 2004 年以来，井冈山落实中央领导对红色旅游发展的指示精神，按照《2004—2010 年全国红色旅游发展规划纲要》《2011—2015 年全国红色旅游发展规划纲要》，国发（〔2014〕31 号）《国务院关于促进旅游业改革发展的若干意见》的要求，贯彻江西省“红色旅游强省、生态旅游名省、旅游产业大省”、吉安市“打造全国红色旅游精品城市”的发展战略，充分发挥“红色吸引人，绿色留住人，情景感染人”的旅游资源优势，坚持“中国信念的精神高地、中外驰名的特色生态山城、中国一流的旅游胜地、全国红色旅游精品城市”的发展定位，围绕“红色摇篮、生态井冈、精神家园”为主题的多彩井冈山旅游品牌，不断创新红色客源产品，拓展旅游客源市场，完善景区基础设施，强化旅游行业管理。

井冈山旅游产品底气足，因为所具有的人文旅游资源、自然旅游资源、复合旅游资源、创意旅游产品都有比较优势；旅游市场名气大，因为历史有依凭，现实有地位，民众有口碑，媒体有赞誉；旅游接待人气旺，因为各类游客都有向往，四季运营都正常，人数收入都看涨，井冈山是当之无愧的“旅游胜地”。井冈山巧做“红绿”文章，在旅游形象品牌宣传上，突出“红色摇篮、生态井冈、精神家园”的主题，借助井冈山享誉世界的知名度和在全国的影响力，强力推介井冈山的自然绿色风光，利用井冈山红歌会、井冈山红色旅游博览会、井冈山国际杜鹃花节、井冈山精神巡回展览、井冈山斗争史与井冈山精神专题报告会，共建单位院校基地渠道等，将井冈山红色文化和生态风光传播，植入红色、绿色和多彩美丽的井冈山符号，达到以“红”促“绿”，以“绿”衬“红”，不唯红超越红的效果；在旅游产品营销和推广上，积极开发红绿结合的旅游线路，精心推出“走红色之旅，游绿色井冈”“红色圣地寻迹游”“革命摇篮回归游”“绿色家园健康游”“原始森林探秘游”“客家风情水上游”等精品旅游线路。这些线路产品的推出，丰富了营销渠道，拓宽了市场空间，延伸了游客的行程，增强了旅游吸引力，让上山旅游者既能亲身感受井冈山革命斗争历史所带来的思想心灵震撼，又能领略生态井冈优美自然的山水田园风光，真切体验“中国美丽景点很多，但井冈山是最红的；中国红色景点很多，但井冈山是最美的”，从而实现了良性循环的旅游品牌营销。

（二）高端推崇：高端荣誉　高层赞誉

红色旅游要敢于和善于“借势”以推高行业地位，提高市场名气，获得更大影响。井冈山是非常懂得借势的，主要表现为两个方面：一是获得高端荣誉，二是获得高层赞誉。这两者对于展示旅游的形象都有非常积极的意义。

所谓获得高端荣誉，就是努力申评并获颁国家级或世界级的荣誉称谓。比如，井冈山先后被国家旅游局评为“中国旅游胜地四十佳”“中国优秀旅游城市”，首批国家5A级旅游景区，列入全国红色旅游经典景区第一批名录，全国模范双拥城，2009年成功列入国家自然与文化双遗产预备名录，现正申报将井冈山列入世界自然与文化遗产名录等，这些高端荣誉的获得大大地提升了井冈山的美誉度。

众所周知，旅游地每获得一项荣誉，不仅可以借此广泛宣传，而且荣誉的颁发部门也会进行新闻发布，并在其网站上长期留置备查，井冈山长期以来，知名度美誉度不断攀升，并形成展示旅游形象，形成品牌营销效应，是很重要的一条经验。

所谓获得高层赞誉，就是通过高层人士的言行，为旅游地提升美誉度。井冈山充分发挥自身优势，大量接待党和国家领导人与高端名人，并十分注重收藏他们的亲笔题词赞誉，井冈山党和国家领导人亲笔题词赞誉在全国红色旅游景区中其数量和层次是首屈一指的，这样就彰显了井冈山为红色旅游目的地的“比较优势”。获得高层赞誉另一方面是说好话或批示，譬如，通过井冈山博物馆“一号工程”揭幕仪式，政治局常委出席并发表讲话，举办红色旅游高峰论坛，邀请航天英雄杨利伟等高层人士或社会名流莅临，在活动期间，他们通常会应邀参访井冈山的经典之处，感受“红色摇篮、生态井冈、精神家园”，这样他们会对旅游地有不少赞誉之词，借其“美言”，井冈山的社会知名度与美誉度就会持续提升。

（三）高调传播：媒体广告　民间口碑

井冈山不会因为知名度高而忽视高调传播，展示旅游形象，而是不断加强媒介宣传，采取“纵横交错”“点面结合”的方式，全方位宣传井冈山丰富的旅游资源和旅游产品。纵向上，加强与中央级高端媒体的合作，每年在中央电视台主要频道和强档栏目投放井冈山旅游广告宣传片和播出专题节目，《人民日报》《中国旅游报》等报刊上宣传报道井冈山旅游，使红色旅游地的旅游总体形象广为人知。横向上，加强与大客源市场推出井冈山旅游形象和线路广告，包括井冈山的沿途都设计制作了大量的旅游形象，广告和雕塑标志物，以此吸引旅游者或潜在旅游者到访井冈山。同时，不断完善井冈山国际旅游网站，与新华网、中红网等知名网站合作宣传井冈山，与51766旅游网合作建立井冈山旅游观途网，加大网络宣传，吸引更多游客来井冈山旅游。通过各种有效的方式，尤其是民间口碑。井冈山除了有一支专业素质优秀的导游讲解队伍之外，还有一大批民间义务宣讲员，天街的商铺售货员、宾馆的服务员、的士司机驾驶员、景区景点检票员、环境卫生清洁员、乡村农家乐厨师等，他们对井冈山的革命斗争史，井冈山的景区景点，井冈山的风土人情，大都能娓娓而谈，甚至以歌声自发说唱，江满凤就是一位景区清洁工，而她唱的井冈山山歌，已唱响了全国。这位民间草根中年妇女，成了高调传播井冈山，展示旅游形象的典型代表。对这样自发出现的人物，井冈山旅游管理部门实施了及时、积极的引导和培养扶持，使之越唱越红。“满凤餐馆”农家乐的生意也越做越旺，年收入达到几十万元。

三、运筹营销井冈山旅游品牌形象

旅游营销，是撬动客源市场的杠杆，打开人气之门的钥匙。井冈山作为革命圣地和旅游胜地，应该说旅游产品是很有底气的，旅游市场很有名气，但还得展开卓有成效的旅游营销。对此，井冈山党委政府是十分重视，头脑十分清醒的。为加强旅游宣传营销工作，提升井冈山旅游品牌，充分发挥各地、各部门、各单位工作积极性，加大招会引客力度，努力形成旅游“大营销”格局，促进井冈山旅游经济再上新台阶，井冈山管理局、井冈山市委、井冈山市人民政府 2010 年专门成立了井冈山旅游宣传营销工作领导小组，井冈山“一把手”担任领导小组组长，成员由井冈山管理局、直属各单位、井冈山市各乡、镇、场、市委各部门、市直各单位，井冈山部分旅行社，部分二星级以上旅游酒店主要负责人组成。

领导小组下设 30 个专职营销组和乡镇、部门营销工作组。各专职营销组设组长、副组长各 1 名，工作人员 1 ~ 2 名。同时，为了加强对旅游宣传营销工作的管理和服务，成立井冈山旅游宣传营销工作领导小组办公室，负责旅游营销计划的组织实施，综合协调服务及日常工作。2011 年又成立了井冈山旅游网络营销工作领导小组，由井冈山管理局主管旅游的副局长担任组长，共有 18 位领导参与此项工作，领导小组设办公室。这些机构的设立，开展了具体扎实的工作，先后制定了《井冈山旅游宣传营销工作管理考核办法》《井冈山旅游营销工作计划》《井冈山旅游大营销活动实施方案》和《井冈山景区电子门票网络营销实施方案》等，这些工作的开展，促使井冈山旅游人气大盛，旅游效益大增。井冈山主要经验有：

（一）大力开展节庆活动营销

现代节庆活动能够在短时间内为举办地带来大量的人流、物流、信息流与资金流，具有很强的集聚效益，从而带动举办地经济发展和城市形象，景区形象的提升。

井冈山与中国革命史紧紧相连，与党史军史的重大纪念日密不可分，与开国领袖、开国将帅光辉一生与业绩息息相关，具有开展节庆活动营销的许多条件，井冈山的自然资源，如满山遍野的杜鹃花、一望无际的翠竹云海都给节庆活动营销提供了依据。因此，井冈山在旅游大营销中将节庆活动列为重要的方式和手段。井冈山节庆活动营销：一是固定节庆活动，从元旦、春节、“三八”妇女节、清明节、“五一”劳动节、“六一”儿童节、“七一”建党日、“八一”建军节、“九月十日”教师节、“十一”国庆节，跟随党和国家发展变化，依据形势任务情况，紧扣井冈山精神与时事，组织节庆营销宣传。二是策划每年的井冈山革命根据地创建周年日，逢五遇十精心组织活动。三是井冈山国际杜鹃花节，大力推广旅游品牌，并且结合遂川狗牯脑茶文化节、永新民俗文化节做好三地旅游营销。邀请和组织旅游媒体、旅行商和知名博主来井冈山、遂川、永新三地采风踩线，并在井冈山杜鹃花节、遂川狗牯脑茶文化节、永新民俗文化节开幕式当天和次日对所有来山游客免井冈山、遂川、永新三地旅游门票，以带动旅游看花、品茶、观民俗市场。围绕夏季旅游，以“清凉避暑、休闲度假”为主题进行市场推广。在5月19日（中国旅游日）举行“大井冈山避暑游”，邀请国内10位知名旅游体验师“以身试游”。并在周边客源城市赠送10万张“避暑游”优惠券，力争把井冈山、遂川、永新三地打造成国内知名的旅游避暑胜地。针对学生暑期市场，与省内十家以上高等院校合作，以随录取通知书寄送井冈山宣传册和门票优惠券的方式，欢迎大学新生上井冈山、遂川、永新三地参加“我的成人礼”活动。针对南方客源市场，开展“冬赏冰凌”营销活动，以拉动冬季旅游市场。四是组织井冈山红色旅游高峰论坛、红色培训高峰会等。五是结合江西省红色旅游博览会，井冈山组织系列活动，大力推广革命圣地和旅游胜地产品。六是结合从井冈山走出的开国领袖、开国将帅的诞辰、纪念日等开展活动。七是井冈山革命英烈祭奠日活动，这些节庆活动的开展，与井冈山的春夏秋冬的自然景观时令契合，让游客到了井冈山既接受精神的洗礼，又赏游美丽的山水风光。井冈山正是巧妙地、有计划地、常年常新地将节庆活动纳入旅游品牌的营销中，使前来井冈山游客逐年增长，美誉度越来越高，旅游收入也越来越多，成为全国红色旅游经典景区实现社会效益和经济效益双丰收的标杆。

图3-2 文化广场

典型案例

2007·中国（江西井冈山）红色旅游博览会。10月26～28日，在江西全省上下深入学习贯彻党的十七大精神的重要时刻，在井冈山市举办的纪念井冈山革命根据地创建80周年系列活动及2007·中国（江西）红色旅游博览会闭幕式，将2007年“红博会”推向了高潮，为江西红色旅游发展留下了浓墨重彩的一笔。10月27日，时任中共中央政治局常委李长春出席纪念井冈山革命根据地创建80周年大会并作重要讲话。他强调，要大力弘扬井冈山精神，不断赋予井冈山光荣革命传统以新的时代内涵，认真学习贯彻党的十七大精神，动员和激励广大干部群众为夺取全国建设小康社会新胜利、开创中国特色社会主义事业新局面而不懈奋斗。纪念大会结束后，李长春瞻仰了毛泽东同志旧居，出席了井冈山革命博物馆开馆仪式，参观了井冈山斗争全景画和陈列展，接见了中国红歌会歌手。他强调，要大力发展红色旅游，推动全国爱国主义教育基地逐步向全社会免费开放，寓教于乐，让广大干部群众特别是青少年更好地接受爱国主义和革命传统教育。

以井冈山革命根据地创建80周年纪念大会为核心，井冈山周密部署，精心安排，举办了五大系列活动。一是举办红歌会放歌井冈山活动。先后于"五一"及10月23～29日与江西电视台在井冈山举办"中国红歌会，放歌井冈山""喜迎十七大，放歌井冈山"红歌会活动，全国海选歌手、网络歌手及现场报名歌手同台竞技，邀请全国著名歌唱家、艺术家现场点评，获奖选手将赴莫斯科红场参加民间文化交流，江西电视台对红歌会全程现场直播，该活动吸引了来自全国各地的红歌爱好者来到井冈山，为游客献上了一道丰盛的文化大餐，同时促进了游客对井冈山红色文化的了解。二是举办井冈山革命根据地创建80周年纪念大会。纪念大会以"红色"为基调，体现了"隆重热烈、和谐新颖"的风格，在会场布置、会议组织上克服重重困难，突破传统大会模式，处处渗透创新理念，令参会人员耳目一新，受到了参会人员的一致好评。各级领导和社会各界对此表示高度赞赏，称赞这是一次高水平、高规格的会议。三是举办"心连心"艺术团慰问演出。10月27日，邀请中央电视台"心连心"艺术团来山举行主题为"永远的井冈山"慰问演出，以歌舞、小品、京剧等形式，抒发对革命人民的深情厚意。整台演出场面恢宏、气势磅礴，节目个个精彩，高潮迭起，吸引了数万名群众和游客来到现场观看。演出现场气氛热烈、掌声不断。四是举办全国爱国主义教育示范基地井冈山"一号工程"——井冈山革命博物馆开馆仪式。10月27日纪念大会结束后，紧接着举行井冈山革命博物馆新馆开馆仪式。新馆通过现代化的展览手段和丰富的表现形式，刻画中国共产党人以及革命先驱的光辉业绩，融纪念性、历史性、教育性、艺术性和观赏性为一体。采用大框架、立体版画，集中形象地宣传、展示井冈山革命斗争时期的大量珍贵文物、图片、资料，吸引更多的游客前往参观，陶冶情操，激发爱国热情，学习井冈山精神，将井冈山真正打造成了一座没有围墙的博物馆，受到了社会各界的赞赏。五是大型实景演出《井冈山》首演获成功。大型革命圣地实景演出《井冈山》由国内著名实景演艺策划公司创作并投资，采用情景再现的手法真实再现当年井冈山的烽火岁月，并展现井冈山多彩的风俗风情和优美的自然风光。演出场景令人震撼，受到了一致好评。

（二）全面实施优质服务营销

服务是旅游业的本质，优质服务是游客的期盼，因此服务质量是旅游业的生命线，特别是红色旅游经典景区游客的心理期望值和标准更好。服务营销的核心是站在游客的立场上考虑问题，密切关注游客的需求，向游客提供他们真正满意的产品和服务。井冈山的经验主要是：

第一，实施“井冈山红色经典讲解提升计划”。

导游和讲解是优秀服务营销的窗口，是红色景区的形象名片，导游讲解水平的高与低，效果的好与差，直接关系旅游形象品牌。如何让上井冈山的游客真实、准确、鲜活地了解井冈山革命斗争史，学习弘扬井冈山精神，使井冈山斗争时期的红色故事、红色诗词、红色歌谣、井冈英烈事迹、革命领袖风范等加以有效传播，培养一支素质高、能力强、形象好的导游讲解队伍，提升红色经典讲解艺术显得十分重要，尤其是井冈山红色旅游进入快速发展时期。

井冈山红色经典讲解提升用 2 年的时间，在井冈山培养 1000 名红色经典讲解员，包括导游员、讲解员、接待员、社会志愿者（含大、中学生等青年志愿者）、小学生（红领巾导游员）以及星级宾馆、餐饮店和农家乐旅店等场所接待服务人员等。培训以弘扬井冈山精神为主线，以重温红色历史、挖掘红色文化、展示红色旅游发展为内容，包括革命斗争时期重大历史史实，革命先烈的奋斗历程和丰功伟绩等红色记忆方面；井冈山斗争时期和开发建设时期的红色诗歌、歌曲、电影、纪录片等红色文化方面；以及红色旅游高峰论坛、井冈山精神巡回展、红色旅游学术研讨会、歌咏、讲解、摄影、书法比赛等红色传承四个方面。培训手法有集中授课、现场教学、座谈交流、实践试讲、实景及模拟示范、观摩点评、闭卷考核、歌谣教唱、文艺联欢和组织赛事活动等。课程设计丰富多彩，实用性强，教学方式新颖多样，针对性强，充分依托井冈山革命博物馆、江西省委组织部党员干部培训中心和井冈山导游服务中心等单位的师资力量，以先进的教育培训理念和特色互动式、陪伴式教育模式等方式进行，从不同的切入点去宣讲、诠释井冈山的红色历史和五彩井冈的今天。如红领巾导游员的教材是粗轮廓、粗线条外加重要人物、重要事件或重要文物的小故事组合的井冈山斗争史知识；志愿者的教材是比较全面的革命斗争史史料汇集和流畅贯通的解说要求；讲解员的教材则是非常详尽的史料知识和端庄大方、严谨轻松的讲解风格。同时，各类人员均要熟悉井冈山市情，要统一宣传口径和规范解说风格，要善于使用一些方言、歌谣等令受众易于接受的方式增加解说的趣味性和参与性。

井冈山革命博物馆的讲解员、工作人员、部分志愿者、井冈山革命烈士陵园的讲解员、接待员、江西省委组织部党员干部培训中心工作人员、井冈山红色文化研究院讲解员和红领巾导游员等近200人分批参加了培训。至此，2009年度井冈山红色经典讲解提升计划在原有的基础上，在旅游从业人员和志愿者中迅速地展开学习和交流，取得了较好的效果。

井冈山红色经典讲解提升计划实施，其特点有：

1. 培训覆盖面广，参与人员多

培训针对不同旅游人群和不同层次做了培训的细化方案，组织严密运作良好。如针对导游员、星级宾馆的接待服务人员、讲解员、景区工作人员、志愿者等不同身份，不同知识需求分期分批组织培训，组织部分人员参加了井冈山干部学院的现场教学点的培训班、全省红色旅游师资（骨干）培训班和江西省委组织部党员干部培训中心特色课程等高层次的培训和学习。

2. 培训内容丰富，并注重实效性

所开课程从行业发展形势、职业道德标准、井冈山斗争史知识专题、解说技能技巧到美容礼仪规范、红色歌谣教唱、综合才艺的展示应有尽有。

3. 培训形式多样，并注重操作性

一改往常单纯的关门闭户的课堂授课方式，既设置了座谈交流研讨析疑、讲解观摩点评，又有模拟解说和到红色景点现场教学，还有观光车中的导游讲解。

4. 培训效果明显，反应良好

通过培训，加强了讲解员、导游员、接待员的自身修养，增强了红色经典讲解的责任感；丰富并充实了讲解员、导游员、接待员的红色历史、红色文化等综合知识，提升了红色经典讲解的理论水平；同时也检验了学员的业务水平，提高了红色经典讲解的方法和技巧。

井冈山红色经典讲解提升计划集中力量进行解说资料的整理和编纂工作，形成系统的权威性的汇编文稿，为井冈山红色经典讲解员配备客观、全面、规范的宣传资料，统一宣传口径和讲解风格。加强日常的学习操练，促进知识的吸收和消化。每年组织全山导游员（讲解员）参加红色经典讲解大赛，并从中选拔优秀导游员、讲解员参加全省、全国导游员（讲解员）大赛。定期举行红色旅游高峰论坛和各类巡回展览和报告宣讲，邀请国内业内专家，加强与其他红色景区旅游界同行，革命历史胜地等同行业单位之间的交流和学习。共同探讨红色旅游发展的现状及问题，共同探索红色旅游可持续发展的方向和规律，树立红色经典讲解的新形象。

第二，实施“井冈山国家级旅游服务业标准化试点项目建设”。

井冈山成功申报国家级旅游服务业标准化试点项目，井冈山管理局、市委、市政府组织相关创建单位副科级以上工作人员300余人召开了标准化创建工作动员暨培训大会。井冈山在财力困难的情况下，每年安排专项经费，并结合相关涉旅项目资金，先后投入近千万元，用于旅游服务标准体系建设、旅游服务标准宣传培训、旅游服务标准化示范区建设和推广、信息服务、品牌争创等，确保井冈山国家级旅游业标准化试点工作顺利开展。《井冈山国家级旅游服务业标准化试点工作实施方案》聘请迈高咨询公司，指导井冈山国家级旅游服务业标准化体系文件编制工作。

在标准文本编写过程中，标准化办公室采取集中培训、单独面对辅导、组织研讨、开展座谈式等方式，对全山创建单位工作人员进行了轮番分类指导，选取6个重点服务窗口单位进行重点培训指导。各标准化创建单位认真组织培训和标准文本编写工作，进行反复讨论，广泛征求意见，不断修改完善标准文本，最后，再组织全体人员学习反复讨论、请求意见后的标准化文件。

在标准化工作实施过程中，标准化办公室先后组织了3期大规模集中培训，分别对全山所有标准化工作创建单位的领导、标准化工作人员以及基层员工共700余人进行了景区标准化服务实施和检查培训，培训内容主要包括服务标准化常识、实施标准化的组织准备、标准化的实施方法、实施标准化的检查和改进等6个方面，并当场进行测试，颁发合格证书。各标准化创建单位也分别组织本单位的全体员工积极举办各类培训 60 余班次。

标准化办公室还组成联合检查组，通过定期检查与不定期抽查相结合、明查与暗访相结合、自我检查与交叉检查相结合以及开展游客满意度调查等多种方式，在检查考核环节中引入量化指标，开展经常性检查。各标准化创建单位严格按照旅游标准化建设要求，实事求是地查找并分析存在的问题及不足，落实整改措施，推动标准化工作持续改进。

“五一”和“十一”前，井冈山管理局、市委、市政府分别组织开展了应急演练，设置三个应急场景，对标准化创建工作进行真实的检验，博物馆、龙潭索道标准化创建单位也自发组织应急演练。

井冈山的标准化工作：一是红色培训纳入了标准化创建体系；二是覆盖面广，全部涉旅单位及跟旅游相关职能部门均列入到标准化创建的范畴；三是将接待工作纳入标准化的管理。

第三，实施井冈山旅游景区（点）及旅游服务窗口单位创优达标管理考核。

为全面推进井冈山旅游品牌的实施，提高景区（点）及旅游服务窗口单位的服务质量、环境质量、景观质量，提升旅游景区（点）及旅游服务窗口单位的专业化管理水平，维护旅游者和旅游经营者的合法权益，树立良好的井冈山旅游形象，全面实施优质营销。

围绕打造“一流的配套设施、一流的管理水平、一流的旅游品牌、一流的表现形式、一流的接待水平、一流的生态环境、一流的管理队伍”的工作目标，在全山营造旅游景区（点）及旅游服务窗口单位争先创优的良好氛围，全面提高旅游景区（点）及旅游服务窗口单位管理水平和服务质量，努力把井冈山打造成为“圣洁、纯净、精美、和谐、大气、震撼”的中国红色旅游首选地和观光休闲度假胜地。

以井冈山旅游景区内全部景区（点）及旅游服务窗口单位为考核对象，考核标准细分如下：A、景区建设（27 分）：景区（点）游步道 1.1 分，停车场 1.2 分，标志牌 1.3 分，公众信息资料 1.4 分，公共休息、观景设施 1.5 分，旅游购物 1.6 分；B、环境卫生（23 分）：景区（点）卫生 2.1 分、公厕 2.2 分、废弃物管理 2.3 分；C、旅游安全（21 分）：安全管理 3.1 分、安全设备设施 3.2 分、安全处置 3.3 分；D、服务质量（21 分）：综合管理 4.1 分、治安秩序 4.2 分；E、旅游投诉（8 分），考核总分为 100 分，得分率 80%（含 80%，得分率计算方式为：考核实际得分 / 考核总分 ×100%）以上为达标，得分率在60% ~ 79% 以上的为基本达标。凡得分率在 79% 以下的，年内不参与创优评比，其中得分率低于 60% 的，由景区（点）及旅游服务窗口单位负责人及其主管单位负责人向领导小组写出书面说明材料。

1. 不定期考核

由领导小组不定期组织有关人员到各景区（点）进行单项抽查考核，考核分值占年度考核总分值的 30%。

2. 定期考核

每半年实施一次。由领导小组组织年终考核，先由景区（点）及旅游服务窗口单位于每年 11 月 20 ~ 30 日分别对照《井冈山旅游景区（点）年度创优达标管理考核标准》及《井冈山旅游服务窗口单位年度创优达标管理考核标准》，做好自查自评工作，向井冈山管理局旅游管理处上报自评表、工作总结等材料。然后由领导小组于每年的 12 月 1 ~ 15 日统一组织实地考核。

3. 表彰

根据定期考核（分值占 70%）与不定期考核（分值占 30%）两项得分（得分率在 80% 以上）排名情况，评选“优秀景区（点）”“优秀旅游服务窗口单位”若干名，在管理局工作会议上进行表彰。同时，对获得表彰的单位管理人员，其主管单位也可以给予相应奖励，并可优先将其列为本年度评先评优对象，优先安排外出考察学习。

4. 实行一票否决制

凡发生重大安全生产责任事故或对井冈山旅游形象造成重大影响的旅游投诉的（涉及对旅游者人身侵犯和健康损害的旅游投诉，均视为重大投诉）。

井冈山红色经典讲解提升计划，井冈山国家级旅游服务标准化试点项目建设，井冈山旅游景区（点）及旅游服务窗口单位创优达标管理考核的实施，全面推动了优质服务营销。全面实施优质营销，关键是要树立优质服务营销意识，要研究解决具体问题，分析指导具体工作，多方征求具体意见，结合景区实际、结合工作实际、结合岗位实际，以过程监督、结果监督和综合监督为内容，以部门自查、联合检查和随机抽查为形式的服务监督检查机制，确保信息反馈和工作整改，实现服务标准的可操作性要求，在政策、经费、机构、人员和措施等方面保障，使景区旅游服务优质。

井冈山的旅游业发展步入崭新阶段，尤其在以下三个方面取得明显成效：一是建立了一套科学有效的标准化体系。全山旅游服务业共建立标准文件626个，其中收集国家和地方有关标准111个，编写标准515个，涵盖了红色景点服务、博物馆服务、红色培训服务、绿色景点服务、票务服务、观光车服务、索道服务、游船服务、漂流服务、宾馆服务、旅行社服务、导游服务、道路交通、园林服务、街区环卫服务、购物服务、游客中心服务17个专业板块，服务项目的覆盖率达到95%以上，每个标准还编写了标准化检查考核题库作为实施过程中检查考核的内容。其中，井冈山管理局编制的《红色教育培训管理》和修订的《井冈山红色旅游景区设施及服务质量》两个地方标准已经被江西省质量监督局列为第二批江西省地方标准制修订项目计划。二是景区旅游形象明显提升。通过旅游服务业标准化试点工作，景区管理得到进一步规范，景区旅游市场秩序和消费环境明显改善。2014年上半年，旅游投诉同比下降37.5%，井冈山景区在2013年和2014年上半年江西省重点景区（点）游客满意度调查中综合指数排名第一，井冈山已连续四年荣获江西省公众安全感满意度第一名，井冈山景区安全感满意度2014年一季度民调测评中以100%的成绩位列全省第一名。2013年，井冈山荣获全国首批生态旅游示范区。2014年凤凰网评选出全国空气质量前十的城市。井冈山AQI空气质量指数21，荣获全国第二名。三是旅游综合经济效益稳步发展。通过标准化建设，服务更加规范，质量更加优质，为旅游发展转型升级提供了有力保障。2014年1～8月，井冈山景区接待游客648.81万人次，实现旅游收入47.64亿元，红色培训人数增长30.3%，农家乐收入稳步增长，当地居民就业率进一步提高。尤其是2014年“五一”小长假，井冈山景区迎来自驾高峰，车辆爆满，但未出现严重拥堵，未发生重大旅游安全事故和旅游投诉，接待游客和实现旅游综合收入同比分别增长43.03%、45.6%，实现了“安全、质量、秩序、效益”的目标。

（三）强力组织渠道营销

井冈山为了有效地组织渠道营销，成立了井冈山旅游营销中心，组建了专业的红色旅游营销队伍，围绕拓展客源市场，推行旅游营销市场化工作试点，将国内分为东、西、南、北四大市场，采取市场动态包干，开展市场攻坚，为营销工作注入了新的活力。

渠道营销是通过旅游中间或者分销商建立良好的营销渠道，通过不同的分销渠道开展营销，有效地沟通旅游景区和消费者之间的联系。渠道营销：一是要保证营销渠道的畅通高效、适度覆盖和稳定可控；二是选择分销商时要考虑经营能力、行销意识、市场能力评估、管理能力、合作意愿是否强烈等多方面因素；三是要根据景区或旅游企业的实际情况来选择营销渠道的类型、层次和宽度。

为切实做好井冈山旅游渠道营销工作，加强渠道营销管理，制定各专职营销组和各乡镇、部门营销工作组管理办法。

采取量化计分法，分基础工作（5 分）、目标任务（分别为 100 分、80 分、60 分）和加分项目三项指标（不封顶）。

具体内容：

Ⅰ. 基础工作（5 分）

1. 有全年营销专职人员、工作计划和任务指标完成进度安排。（得 0.3 分）

2. 建立客户资料库，客户资料包括单位基本情况、负责人、电话、地址等，送报领导小组办公室备案，全年掌握相关资料的客户不少于 10 家。（得 1.4 分）

3. 实行外出备案制度，原则上要求一个企业由一个工作组主攻，为了防止多组主攻一个企业情况发生，实行外出备案制度，各组外出前，必须向领导小组办公室报备主攻企业名单，如有重复，由领导小组办公室反馈调整。要求每半个月报备一次，全年不得少于 18 次。（得 1.8 分）

4. 每月报送 2 条以上市场信息或动态，全年不少于 15 条。（得 1.5 分）

Ⅱ. 目标任务（100 分、80 分、60 分）

1. 各专职营销的任务。其中每完成一张全价门票购票得 0.1 分，每完成一张折扣门票购票得 0.05 分。

2. 各乡镇、部门营销工作组任务。其中每完成一张全价门票购票 0.1 分，每完成一张折扣门票购票得 0.05 分。

Ⅲ. 加分项目：每超额完成一张全价门票购票加 0.1 分，每超额完成一张折扣门票购票加 0.05 分，上不封顶。

认定程序：

（1）领导小组办公室组织管理局办公室、市委办公室、市政府办公室、旅游管理处、门票管理处、市监察局、市财政局等相关单位组成考核工作小组（设在领导小组办公室），对专职营销组和各乡镇、部门营销工作组完成任务情况进行审核认定，并纳入年度目标工作考核项目。

（2）目标任务认定。各专职营销组和乡镇、部门凭单到井冈山旅游宣传营销工作领导小组办公室核定任务完成情况。

（3）奖励兑现：

①差旅补贴

②目标奖励

③任务超额奖励

④风险激励

各工作组在具体操作中，严禁以任何形式套取井冈山旅游门票返利、虚报任务完成情况，一经查实，从严处理。

井冈山渠道营销由于管理到位，措施有力，方法得当。调动了各级各部门的积极性，采取“井冈山旅游门市直销”，“外地旅游市场设点直销”，旅行社“组团”代销，旅行社“地接”代销等多渠道多形式及“分区运营，授权代理”的营销模式，不断地使井冈山旅游产品的市场占有率节节攀升。

（四）及时构建网络营销

随着互联网的日益普及，在网上查询旅游目的地和订购旅游产品已经成为一种时尚和趋势，顺应这类需求，旅游网络营销便应运而生。作为旅游电子商务平台的构建者，既有旅游产品的生产者，也有专业的旅游电子商务运营者。

旅游网络营销之所以能够脱颖而出，是因为这一运作模式对三方都有利：

（1）对旅游产品供应商有利。

一是信息受众更多；二是业务规模更大；三是运营成本更低。

（2）对旅游电商经营者有利。

旅游电商凭借销售数量巨大的议价优势，从旅游经营者那里拿到具有一定优惠幅度的打折售价，面向广大网友销售，并从差价中获取经营收益。

（3）对潜在旅游者有利。

一是从网络提前订购旅游产品或旅游服务，具有一定幅度的优惠；二是更节省时间精力；三是可以规避在旅游地现场无法订购旅游产品的问题。

典型经验

井冈山景区电子门票网络营销

按照井冈山管理局“市场推广立体化、旅游队伍专业化”和工作要求，在现有业务的基础上，继续利用各类网络渠道，拓展与游客的接触面，实现井冈山旅游营销从传统模式向旅游电子商务模式转变。

工作目标：建立“井冈山景区电子门票在线销售系统”，并与现有的“井冈山旅游网”进行对接，将现有“井冈山旅游网”进行改版，建成集政务与电子商务于一体的全新的井冈山旅游官网。通过“井冈山景区电子门票在线销售系统”，实现在线销售井冈山景区电子门票及相关旅游产品的功能。

（一）在线销售系统的产品形式

1. 井冈山景区大门票

2. 含井冈山景区大门票的旅游产品（包括旅行商或游客定制的产品）

（二）产品销售对象

1. 分销对象：旅行商

2. 直销对象：游客（散客）

（三）销售完成标志

游客（散客）或旅行商到达井冈山取票网点领取门票。

人员机构：成立井冈山景区电子门票网络营销工作组，并在井冈山旅游营销推行市场化试点工作领导小组的领导下开展工作，人员从井冈山管理局旅游管理处信息中心、井冈山管理局门票管理处、井冈山旅游营销中心、井冈山观途旅游股份有限公司抽调人员组成。

（四）井冈山景区电子门票在线销售系统的建设

建立井冈山景区电子门票在线销售系统，2013年5月1日前完成调试，并做好井冈山景区电子门票及相关产品上架销售的准备工作。

1.“井冈山景区电子门票销售系统”分销商采购手机版网站及安卓手机客户端软件开发

为满足适应旅行商的旅游团领队/导游的移动办公需求（例如领队要根据实际带团情况及时修改门票订购单），需要开发联网手机版网站和安卓手机软件。主要实现的业务功能是分销商使用手机查找浏览产品，预订付款，订单管理。

使用手机浏览器访问“井冈山景区电子门票销售系统”的首页（b2b.guantour.com）自动跳转至手机版，登录后即可使用相应业务功能。安卓手机下载、安装运行“井冈山旅游”产品销售软件，登录后即可使用相应业务功能。

2.“井冈山旅游网”的改版开发

在建立井冈山景区电子门票在线销售系统的同时，建立新的“井冈山旅游网”首页，将井冈山景区电子门票在线销售系统与现有的井冈山旅游设置为新井冈山旅游网的二级页面（电子商务和政务），实现从首页可别进入政务及电子商务的功能。即网友进入政务网页可了解井冈山政务信息及官方旅游资讯，进入电子商务网页可在线订购井冈山景区门票及相关旅游产品。

在系统实际运营时设定：

（1）供应商（门票管理处）提现时收取提现金额的 ×%（代扣）。

（2）供应商（门票管理处）充值时不收取费用。

（3）分销商提现时收取现金额的 ×%（代扣）。

（4）分销商充值时不收取费用。

井冈山景区电子门票网络营销具体措施。工作组充分应用“井冈山景区电子门票销售系统”方便快捷、覆盖面广的优势，开展在线直销并发展各在旅行商作为井冈山景区电子门票的分销商，对旅行商的购票奖励方式为“接单现返佣金”。制定井冈山电子门票在线销售现返优惠政策，适应自助游、自驾游、小包团的市场发展趋势，激发更多的旅行商成为井冈山电子门票分销商。

具体操作如下：

（1）对旺季全价票进行调整，其他已经实施优惠的门票暂时不调整。

（2）游客在售票窗口购买的门票价格为 × 元/张，在网上购买的门票价格为元/张。

（3）井冈山管理局门票管理处与井冈山景区电子门票网络营销工作组的

门票结算价格为 × 元/张。

（4）井冈山景区电子门票网络营销工作组与分销商门票结算价格为 × 元/张－现返佣金（发票）。其中现返佣金根据季节性营销活动、地区性营销活动、一次性购票数量、累计购票数量、在线销售现返优惠政策进行灵活调整，幅度限定在 × 元以内。

（5）产生的佣金差额用于交付实际运营时需要承担的短信服务费和提现手续费。若还有剩余部分交于井冈山管理局统一处理。

（6）分销售在网上购买的门票张数不计入门票管理处现行的“按年累计返佣”的奖励张数。

（五）网络市场开发

2013年度重点开发的客源市场：

1. 分销商市场

优先发展以下区域市场：

（1）公路交通：距离井冈山景区700公里范围内的客源城市。

（2）铁路交通：直达井冈山火车站的客运列车沿途停靠的客源城市。

（3）航空交通：开通直达井冈山机场的航班的客源城市。

将区域市场中的旅行商发展成为井冈山景区电子门票分销商，完成电子门票在线销售的任务。

发展分销商工作的完成标志是：分销商注册，完成至少一次在线购票业务。

2. 直销市场

以井冈山旅游网为依托，开辟网络直销渠道，面向广大游客（散客）提供服务，完成电子门票在线销售的任务。

（六）创新促进整合营销

整合营销是旅游营销在新时代的一种趋势，是形成营销合力的重要手段。井冈山旅游营销主要采取了以下方式：影视营销，一部电视连续剧《井冈山》更进一步带火了井冈山红色旅游。井冈山通过这部影视剧的影响力，对景区旅游产品进行传播推广；名人营销，中国人都有一个显著的心理特点就是“从名从众”，名人的消费的指向对于市场具有很强的号召力。红色摇篮、生态井冈、精神家园的品牌，每年有不少著名画家、摄影家、诗人、作家、文艺体育明星登上井冈山，还有党政军企领导干部，于是井冈山旅游营销机构便会不失时机地发挥名人效应；绿色营销，井冈山景区以生态环境保护观念作为经营思想，努力打造绿色家园的旅游产品，实现以红带绿，以绿衬红的市场推广价值；渠道营销，就是通过旅游经营商，铁路公司、旅游饭店、会议组织者、工会、对外交流机构、各种协会俱乐部等营销井冈山旅游产品；巡游营销，就是将井冈山的旅游品牌宣传口号和区域形象，利用旅游大蓬车进行促销。2005 年井冈山就利用这种方式，到上海、南京、合肥等城市巡游营销。整合旅游品牌，整合营销方式，整合营销力量，整合旅游文化，使“红色摇篮、生态井冈、精神家园”这个旅游品牌塑造成功了。

图 3-3　井冈山上学传统

| 典型经验 |

井冈山红色旅游整合营销

红色旅游已成为井冈山的支柱产业，占全市 GDP 的 58%，红色旅游的红红火火，促使井冈山经济的蓬勃发展，而以井冈山为中心的周边县区永新县、遂川县、莲花县、炎陵县和茶陵县也还存在大量的红色遗存，呈散状分布，红色旅游资源也很丰富，但红色旅游一直都未得到很好的发展。此 6 县市原本就是井冈山革命根据地的组成部分，但受行政区域的划分限制，即井冈山市、永新县、遂川县归吉安市管理，莲花县归萍乡市，炎陵县和茶陵县归湖南株洲市，所以现行可具体操作的区域合作主要就是井冈山市、永新县、遂川县一市两县的区域合作。这样的区域合作可以实现“两个升级，四个转型”的目的，即“两个升级”：由单一的红色旅游目的地向综合旅游目的地升级；“四个转型”：从一山独大向市县联动的转型，从红色一枝独秀向红绿古相融合的转型，从观光型产品向复合型产品结构的转型，从门票经济向旅游综合经济的转型。井冈山红色旅游区域合作与创新要谈的内容较为广泛，本文从井冈山红色旅游营销的角度浅谈与永新县、遂川县两地的区域合作与创新，即井冈山红色旅游一体化（大井冈山旅游圈）。

一、品牌共建，做响大井冈山旅游

（一）从地域上做大井冈山旅游品牌

将永新、遂川两县旅游纳入井冈山红色旅游范畴，共同围绕打造“中国红色旅游首选目的地、全国红色旅游精品城市、中国一流旅游胜地、国际知名的山地休闲与养生度假地”目标，把旅游品牌定位为“国家精神地标·绿色休养胜地”，设计制作“三地”整体旅游形象标志系统。在整体品牌的引领下，永新、遂川县打造文化特色突出、主题修改鲜明的旅游目的地和产品品牌，打造节事品牌，构建环井冈红色旅游一体化旅游品牌体系。

（二）从宣传上强化大井冈山旅游品牌

全面围绕“国家精神地标，绿色休养胜地”旅游营销定位，构建“立体式”宣传模式，以此网络化覆盖市场。一是在南昌（或吉安）举行一次新闻发布会，通过国家级和省内主流媒体向外正式发布井冈山、遂川、永新三地红色旅游一体化即大井冈山红色旅游圈；二是借助“江西风景独好”宣传平台，在央视等媒体以及重点客源地城市媒体上联合投放“环井冈山红色旅游一体化”的形象宣传广告，充分利用央视优势，提高大井冈山旅游品牌在国内乃至世界的影响力；三是在重点客源市场上做好城市广告宣传，重点是在南昌、深圳、长沙、广州、武汉、杭州等客源城市的公交车、旅游平面媒体投放大井冈山旅游形象广告和线路广告；四是在江西省内高速公路及湖南境内京珠高速公路的长沙和衡阳两个城市附近设置井冈山旅游形象广告牌，围绕“春看杜鹃，夏享避暑，秋观红叶，冬赏冰凌”做响大井冈山的旅游品牌宣传。

二、市场共享，做大井冈山旅游

（一）准确目标市场定位，实现所有市场共享

一是客源市场定位。以井冈山为中心，700公里为半径的主要城市和直通井冈山高速公路、铁路沿线以及航空目的地的城市。例如：北京、河北、山东、河南、湖北、安徽、江苏、浙江、上海、广东、福建、湖南、广西、四川、重庆、江西等省市人口多、经济发达的主要城市。二是井冈山、遂川、永新三地客源市场要实现共享。不仅要实现客源市场游客共享，还要实现市场上的媒体、旅行社合作伙伴等资源也要共享。

（二）巩固传统客源市场，积极拓展新兴客源市场

巩固北京、上海、湖北、广东、湖南、江西等传统客源市场，积极拓展西南、东北等新兴旅游客源市场。一是要走出去，要去传统的客源市场上走访媒体、旅行社老合作伙伴，加强沟通、联络感情，推出新的旅游产品，同时还要去新兴的旅游客源市场开展市场调研，了解市场需求，合理计划广告投入等；二是要请进来，要邀请客源市场上没来过井冈山的媒体和旅行商，特别是新兴客源市场，要让市场上的媒体和旅行商了解井冈山，通过市场上媒体的宣传平台和旅行社的收容渠道打通市场并做旺市场。

三、联合推介，做旺大井冈山旅游

（一）整合资源，实现资源利用最大化

整合井冈山、遂川、永新三地旅游企业的资源和宣传促销资金，由三地共同出资1/3、吉安市财政旅游发展专项资金支持1/3、集中购买媒体版面和时段节约资金1/3的模式，每年在中央电视台等国家级高端媒体以及重点客源地城市媒体上联合投放“环井冈山红色计算方法一体化”的形象宣传广告。

（二）联合促销，实现效益最大化

共同组织开展对客源市场的促销，建立旅游宣传广告联合推介机制，实现效益最大化。一是做好联合推介活动。重点在700公里范围内的主要客源市场做好大井冈山旅游推介，推介会要形式多样，注重成效，同时要积极关注新开通的井睦高速公路和衡茶吉铁路建成通车，重点做好湖南、广东市场开展旅游促销活动，例如：在北京、上海、广东等地开展的旅游特卖会活动，在广东、香港等地组织千人团避暑游活动等。二是共同组织和参加国家、省旅委组织的各类推介会、说明会等旅游推介活动，同时，井冈山每年举办的杜鹃花节等节庆活动邀请两县旅游企业参加，并组织参加节庆活动的旅行商和媒体到永新、遂川两地进行踩线、采风活动。

四、捆绑营销，做活大井冈山旅游

（一）精心策划包装线路产品

通过精心策划包装线路产品，形成井冈山、永新、遂川旅游线路精品，拓展一市两县旅游客源市场，丰富大井冈山旅游圈产品线路内涵，提高大井冈山旅游圈旅游产品的核心竞争力与吸引力。

1. 整合资源

要对一市两县现有的旅游资源进行整合，同时深入挖掘一市两县红色文化和特色文化的内涵，设计开发一批具有文化底蕴和地方特色的旅游商品（遂川三宝）食品、（永新菜肴）纪念品，将红色文化与地方特色文化元素融入旅游产品中的食、住、行、游、娱、购各个环节。

2. 统一线路

统一两条旅游产品线路向市场主推，即红色培训经典线路："永新（贺子珍故居、三湾）——井冈山（龙市龙江书院、茅坪八角楼）——遂川（草林圩场、县工农兵政府）"；冬季赏雪经典线路："（热水汤湖）——井冈山（杜鹃山、黄洋界雪景）——永新"。

3. 包装产品

要根据一市两县"红绿"辉映的旅游资源优势，按照市场的需求，重点突出大井冈山秀美、休闲、时尚、愉悦等元素，精心策划吸引眼球的旅游宣传品：一本画册，面向国内众多的游客，策划出一本精美且便于携带的《大井冈山旅游手册》，分春夏和秋冬版，主要展现一市两县的优美风光、节庆活动、政策优惠、旅游特色等方面内容；一张地图，共同绘制一张《大井冈山旅游地图》，展现三地的景区、交通、旅游设施等分布情况；一张光盘，要从游客的视角来策划大井冈山新时期的旅游形象片，既要展现大井冈山风光旖旎的一面，更要突出大井冈山休闲度假胜地的特色；一部专题片，邀请央视等全国高端主流媒体来三地共同拍摄制作一部大井冈山专题片，深入挖掘三地的旅游资源，把一市两县最美吸引人的一面展现给国内游客。

（二）抓好节庆营销

节庆活动是旅游营销的主要“卖点”，要紧扣主题，重点推介，联合三地资源优势，策划系列节庆活动。一是策划吉安人游大井冈山——红色之旅（万名吉安人游大井冈山活动）。出台优惠政策，在吉安市范围内启动万名吉安人游大井冈山活动。二是做好元旦、春节、清明、“三八”国际妇女节等假日旅游活动。三是要围绕井冈山国际杜鹃花节、遂川狗牯脑茶文化节、永新民俗文化节做好三地旅游营销。邀请和组织旅游媒体、旅行商和知名博主来井冈山、遂川、永新三地采风踩线，并在井冈山杜鹃花节、遂川狗牯脑茶文化节、永新民俗文化节开幕式当天和次日对所有来山游客免井冈山、遂川、永新三地旅游门票，以带动旅游看花、品茶、观民俗市场。四是围绕夏季旅游，以“清凉避暑、休闲度假”为主题进行市场推广。在5·19（中国旅游日）这天举行“大井冈山避暑游”启动仪式，邀请国内10位知名旅游体验师“以身试游”。并在周边客源城市赠送十万张“避暑游”优惠券，力争把井冈山、遂川、永新三地打造成国内知名的旅游避暑胜地。五是针对学生暑期市场，与省内十家以上高等院校合作，以随录取通知书寄送井冈山宣传册和门票优惠券的方式，欢迎大学新生上井冈山、遂川、永新三地参加“我的成人礼”活动。六是针对南方客源市场，开展“冬赏冰凌”营销活动，以拉动冬季旅游市场。

（三）加强网络营销

充分利用井冈山国际旅游网的品牌效应，建立大井冈山旅游信息窗口，囊括三地的旅游信息查询、酒店预订、门票订购、旅行社线路咨询、APP下载等功能。新组建的大井冈山旅游信息窗口要做好以下几个方面：一是实行网络营销市场化管理，整合三地各旅游主要网站资源，开设旅游政务信息栏和旅游商务栏，以点击率和散客接待为主考核指标，推行市场营销机制，提高网络营销成效。二是做好“微营销”。建立井冈山、遂川、永新三地旅游微信平台，做好动态服务，实行目标考核管理；加强井冈山、遂川、永新三地旅游官方微博营销，实行有奖商业化管理；并结合井冈山、遂川、永新三地旅游资源，转化成丰富多样的奖品，同时在景区门票、宣传册等资料上加印官方微信二维码，通过对扫描二级码加入井冈山、遂川、永新三地官方微信的游客赠送小礼物或者以微信有奖问答、关注微信发送关键词获得优惠代码等形式，实行“微奖励”；同时在井冈山东、南、西、北四个市场，聘用一些对市场有影响力、热心宣传人士、旅行商、媒体新闻人等成立一个团队，以有偿服务、稿费奖励的形式，及时更新、充实官方微博信息，提高网络关注度。三是做好网络营销活动策划。选择好旅游门户网站合作，在“三八”国际妇女节、杜鹃花节、夏季“避暑游”、大新学生入学等时间点与合作网站开展活动，做旺旅游市场。四是邀请知名博主采风，大力发挥网络宣传效应。改变以往节庆活动只邀请旅行商踩线的方式，邀请粉丝量大（100 万以上）的微博博主来井冈山、遂川、永新三地踩线，亲身感受大井冈山，并利用网络资源加强对博主体验活动的跟踪报道。同时在井冈山东、南、西、北四个片区市场策划“博主自驾上井冈山”活动，邀请博主来体验不同时节的井冈山、遂川、永新三地旅游，通过网络炒作，网友积极参与，扩大活动宣传效果，提升大井冈山的旅游影响力。五是与同程网合作，建立井冈山同程驿站，通过驿站为游客提供网络等服务，强化大井冈山旅游网络营销效应。

（四）出台系列优惠政策

政策是推动旅游市场的有力手段，充分调动旅行商的市场推广积极性是旅游营销的重要“抓手”。为此，在坚持“公平、稳定”制定旅游门票政策原则的基础上，要充分整合三地有关旅游政策，出台系列门票优惠政策刺激市场：一是推行大井冈山旅游一卡通，可实现一张卡畅游三地景点。二是扶持旅游专线。对与井冈山、遂川、永新三地合作的重点客源市场专线商，如购买一卡通达到一定的量，则可另行给予一定的奖励，同时对全年刊登井冈山、遂川、永新三地旅游线路广告按一定标准予以补贴。三是合理制定奖励政策。实行对 60 ~ 69 周岁老人凭本人身份证享受一定折扣优惠购买井冈山、遂川、永新三地旅游门票，70 周岁以上的给予免票；对于一次性购买井冈山、遂川、永新三地全价门票达 320 张以上（含 320 张）的专列，每趟按一定标准予以奖励；对包机旅游团队，每驾次购买井冈山、遂川、永新三地全价票100张以上的，凭组织包机手续及航空公司的包机证明交井冈山、遂川、永新三地旅游主管部门认定后，按每驾次一定标准予以奖励和对开行固定航班的（必须是每周开行一班以上，全年开行12个月），每年每条航班奖励一定金额人民币，奖励款于次年一次性兑现；对学生团队实行一定折扣门票优惠购票，并给予旅行社一定标准奖励政策；对自驾游团队在同一始发地每趟组织旅游自驾车15辆（10座以下）以上，购买景区全价票50张（含50张）以上的，给予一定优惠购票。四是开展“吉安人游大井冈山”活动。吉安人凭身份证等有效证件来井冈山、遂川、永新三地可享受低价门票购票，并给予旅行社一定标准的奖励，以推动省内旅游市场。五是开展“井冈山—衡山旅游友好周”活动。为了策应衡吉高速公路和衡茶吉铁路的开通，通过与衡阳市共同举办旅游友好周，推动“衡阳人游大井冈山”。衡阳人凭身份证等有效证件游井冈山实行一定的门票优惠。六是继续加大对港澳台等市场的推广力度，通过广告置换等方式做活做大境外旅游市场。

| 典型案例 |

2014年“五一”小长假对井冈山旅游营销调查问卷报告

为了了解游客的出游心理、客源分布、景观吸引力等市场营销情况，为今后的营销工作提供参考依据，营销中心在“五一”小长假期间，通过发放问卷和现场访谈等方式对井冈山旅游市场营销做专题调查，现将调查情况报告如下：

一、问卷调查小组

组　　长：杨二勇

副 组 长：谢源明

调查成员：眭　萍、陈奇志、廖国兰、龙　莉、张序腾、何桂凤

数据统计：廖国兰、龙　莉、张序腾、何桂凤

文　　稿：何桂凤

二、调查范围：来山游客

三、调查时间：2014年5月1日至3日

四、调查地点：黄洋界、龙潭、大井、北山、博物馆、白银湖、游客服务中心

五、调查方式：问卷、访谈

六、调查情况

（一）问卷内容：客源构成（地域、职业）、出游动机、出游依据、出游方式、认知情况以及对井冈山旅游营销建议等共14个问题。

（二）情况分析

此次共发放调查问卷500份，回收491份（有效问卷460份，废卷31份，有效率94%），回收率98%。现将调查的主要情况简要分析如下：

1. 您来自哪里？（%）

根据问卷调查结果统计的客源数据

东部市场（47.80%）				南方市场（10.69%）	西部市场（33.33%）		北方市场（8.18%）			
江西	浙江	江苏	上海	广东	湖南	西部其他地区	北京	安徽	湖北	北方其他地区
43.40%	2.52%	0.63%	1.25%	10.69%	30.81%	2.52%	0.63%	1.88%	2.52%	3.15%

根据移动提供漫游数据统计的主要客源数据

东部市场（49.54%）				南方市场（22.78%）		西部市场（19.91%）			北方市场（3.02%）	
江西（吉安除外）	浙江	江苏	上海	广东	福建	湖南	四川	贵州	北京	湖北
44.66%	3.45%	0.71%	0.71%	19.10%	3.68%	17.92%	0.93%	1.05%	1.94%	1.09%

根据门票“五一”快报统计的主要客源数据

东部市场（37.20%）				南方市场（21.94%）		西部市场（25.87%）			北方市场（10.62%）			
江西	浙江	江苏	上海	广东	福建	湖南	四川	西部其他地区	北京	安徽	湖北	北方其他地区
25.47%	6.02%	3.48%	2.23%	19.38%	2.56%	24.27%	0.82%	0.78%	1.53%	3.36%	1.88%	3.85%

根据以上三个表计算各市场游客的占比均数，可得知东部市场游客占比达到44.85%左右，其中江西占比37.84%左右；南方市场游客占比均数为18.47%左右，其中广东市场占比16.39%左右；西部市场游客占比26.37%左右，其中湖南占比24.33%左右；北方市场游客占比7.27%左右。江西、湖南、广东三地游客占比共计达78.56%左右。由此看出，游客在小长假选择出游目的地时，更倾向于选择附近的景区景点，我们将营销推广的目标客源市场定位为700公里半径内城市的方向是正确的。湖南市场游客与2013年“五一”客源数据相比较有所上升，结合2014年对湖南衡阳市场的门票倾斜政策及“五一”前在衡阳市场做“衡阳——井冈山友好年”启动仪式的活动来看，政策及活动对客源市场有一定的刺激效应。因此，在接下来的营销推广中，侧重推广“江西人游井冈”活动，拉动江西市场，增强江西游客的出游愿意。

2. 您的职业：(%)

2014年游客职业统计表

公务员	企事业管理人员	文教科技人员	工人	农民	军人	学生	退休人员	其他
16.77	22.75	6.59	8.98	4.79	0	19.76	4.19	16.17

2013年游客职业统计表

公务员	企事业管理人员	文教科技人员	工人	农民	军人	学生	退休人员	其他
16.3	34.2	3.1	3.6	4.1	1.0	19.9	8.7	9.1

从统计数据看出，井冈山的游客职业范围仍主要以公务员、企事业管理人员、学生为主。与2013年同期数据对比可以看出，2014年来山旅游的企事业管理人员占比下降11.45%，由此可知，公务旅游仍处在持续降温中。另文教科技人员及工人的出游人数有所增长。

3. 您是怎样来本市的？（%）

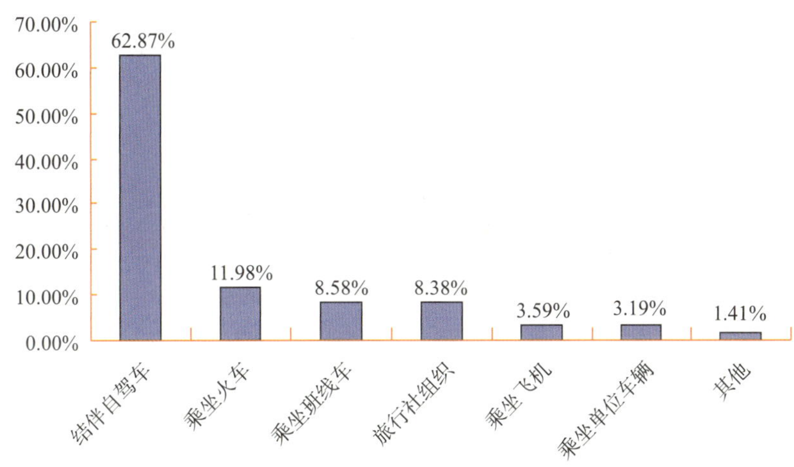

游客来井冈山的出行方式统计图

调查显示，有近2/3的游客来井冈山的交通工具是选择结伴自驾，其次是选择乘坐火车、班线车、旅行社组织。2014年“五一”井冈山客源仍以自驾为主，团队为辅，说明节假日和高速免费对旅游起着很大的促进作用。

4. 您为什么选择来井冈山？（多项选择）

井冈山是革命摇篮，红色历史享誉中外	井冈山是国家5A级旅游景区，绿色风光优美且生态良好	井冈山品牌宣传力度加大，慕名而来	其他
79.04%	37.72%	8.38%	1.8%

调查显示，绝大多数游客选择井冈山是因为井冈山的红色历史影响，同时也有超过1/3的游客是冲着井冈山绿色生态环境而来的，说明目前井冈山在全国人民的心目中仍以红色为主，而井冈山在绿色方面的宣传空间还很大；因井冈山品牌宣传力度加大而慕名来的游客占比不大，说明仍应加大宣传力度。

5. 您准备在井冈山住多长时间？

调查显示，来山游客逗留的时间为两天的占比近半，其次是一天游、两天以上游、一天半游，而半天游的占比最少，这主要是近年来井冈山的旅游产品在不断地完善、丰富，让游客有了较大的观光线路选择范围。但两天及以上逗留时间的游客总占比只有64.17%，与2013年同期相比下降了17.83%，主要原因是杜鹃山景区的暂时关闭，使游客少了一个观光去处，从而使整体的游客逗留时间缩短了。

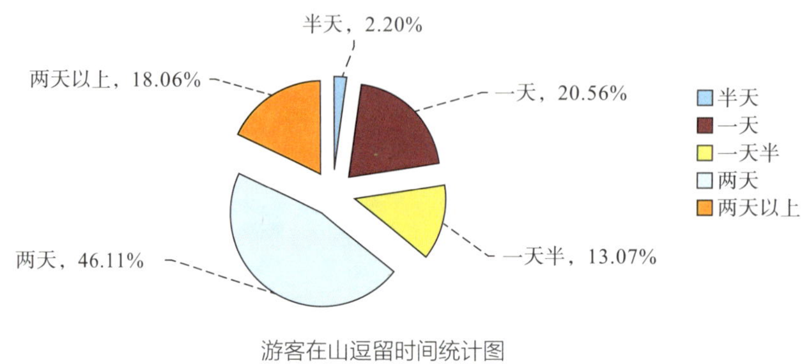

游客在山逗留时间统计图

6. 您是通过什么途径了解井冈山的？（多项选择）

教科书	电视	朋友介绍	网站	报纸	旅行社	微信	其他
40.12%	38.32%	25.15%	19.76%	17.96%	9.58%	4.19%	4.79%

调查显示，教科书、电视、朋友介绍、网站、报纸是游客了解井冈山的主要途径或手段，而教科书、电视所占比例相当高，说明井冈山在这两方面宣传力度达到了一定的效果，而朋友介绍、网站、报纸占比稍低，说明这三方面的宣传仍有很大的空间可以发挥；部分人选择旅行社的介绍而来的，但占比很少；微信作为近年开始时兴的新型宣传平台，通过此渠道了解井冈山的来山游客最少，说明微信营销潜力很大。

7. 您平时一般通过什么方式获得旅游资讯？（多项选择）

电视	旅游网站	报纸	别人介绍	当地网站	社区活动	旅行社门市部	其他
44.91%	40.12%	20.36%	14.97%	13.77%	6.59%	5.39%	7.78%

从统计数据来看，市民关注旅游资讯的主要渠道是电视及旅游网站，也

就提示我们应将宣传的力度着重放在这两个平台上，而旅游网站的宣传归为网络宣传，网络宣传也包含了当地网站及微信等方面，需同时多管齐下；别人介绍的游客占到 14.97% 的比例，说明口碑相传也是一个非常值得关注的宣传渠道，此外在特定的客源市场针对特定的对象举办一些具有吸引力的活动同样能够发布出井冈山的旅游资讯，达到一定的宣传效果。

8. 您来井冈山的目的是什么？（多项选择）

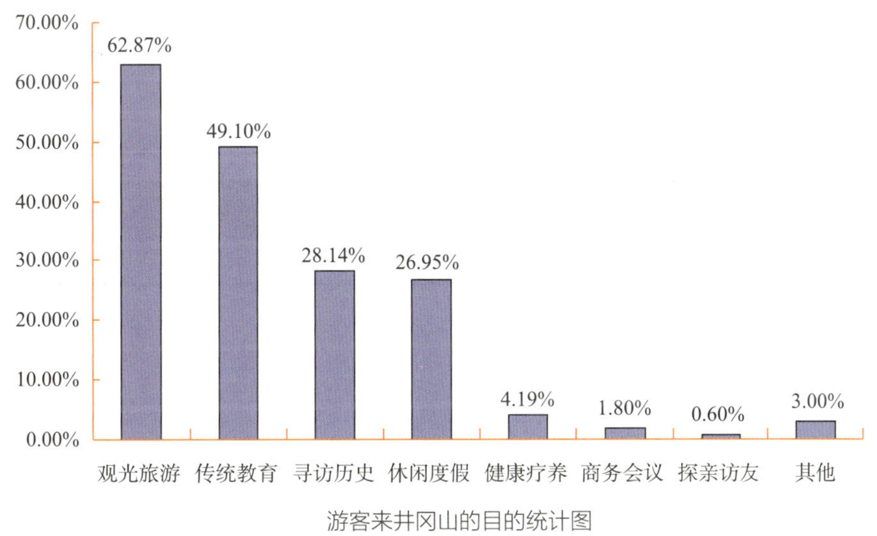

游客来井冈山的目的统计图

调查显示，近 2/3 的游客出行来井冈山是想要“观光旅游”，其次是为了进行红色的“传统教育”，而“寻访历史”与“休闲度假”所占比例则旗鼓相当。由此可见，小长假期间游客出游更多的还是为了绿色景致，结合前面第 4 题的调查结论是游客对井冈山的认识仍然红色居多，所以相对来说，红色传统教育及培训的优势在非节假日更为突出，说明在节假日时段应侧重绿色推广，红色宣传应侧重在非节假日。

9. 您喜欢井冈山的哪些景点？（多项选择）

黄洋界	龙潭	博物馆	北山	大井	杜鹃山	茨坪旧居
50.30%	50.30%	47.90%	40.12%	21.56%	20.96%	16.17%
茅坪八角楼	主峰	实景演出	水口	龙江书院	荆竹山	不了解
14.37%	11.38%	7.78%	6.59%	5.39%	2.99%	1.19%

从调查数据来看，黄洋界、龙潭、博物馆及北山是2014年“五一”游客选择最多的景点，其次是大井、茨坪旧居、茅坪八角楼。此调查结果与我们目前主推的旅游线路一致；有20.96%的游客喜欢杜鹃山景区，经访谈了解到，这些游客都是此前来过井冈山并到了杜鹃山景区，且对杜鹃山景区的旅游体验非常好，故而并未在意杜鹃山景区“五一”期间的暂时关闭仍选择了喜欢此景区；其他景区（点）因路程较远或景点单一未能形成高性价比的线路导致吸引力不足，游客去的比较少，这也提示我们，井冈山旅游资源和线路仍然有整合的空间，可推出更多的旅游线路。

10. 您对井冈山最感兴趣的是什么？（多项选择）

景观	休闲度假	美食	购物	其他
80.84%	24.55%	11.38%	4.19%	5.99%

调查数据显示：80.84%的游客来井冈山是为了观光景致，近1/4的游客选择来井冈山休闲度假，而井冈山的美食及购物方面对游客的吸引力较小，这反映出井冈山目前的基本旅游资源是以景致为主，度假为辅，配套美食及购物的现状，同时也值得我们去思考，在度假、美食、购物方面挖掘并打造一些具有井冈山特色的新产品及服务，以多方位增加井冈山旅游的吸引力。

11. 您觉得井冈山比您的预期和想象……

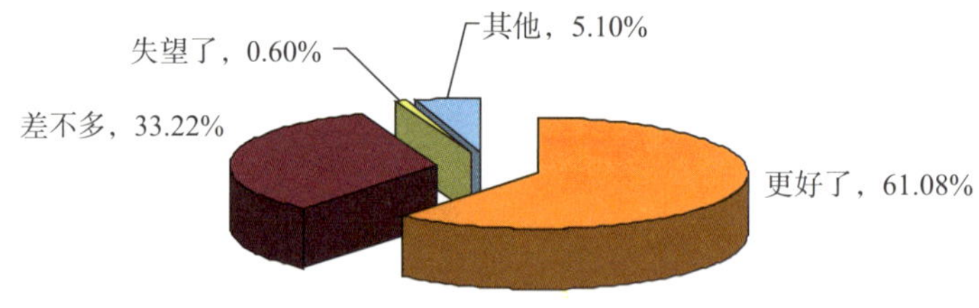

游客对井冈山的期望值情况统计图

调查显示，近2/3的游客在井冈山的体验要高出期望值，1/3的游客认为与期望值持平。同时从调查访谈中也了解到，不少游客在没来井冈山之前对井冈山的认识停留在“是革命老区”“是一座小山”的概念上，来了才发现到处绿意昂然、风光优美，硬件设施、软件服务均可以与大城市相媲美，所以感觉很惊讶、有意外的收获。因此，尽管我们在井冈山的对外宣传推广上已经加大了力度，同时也将我们的宣传侧重点调整为绿色景致宣传，但效果还没有达到理想状态，仍需继续加大宣传，扭转大部分人对井冈山的传统认识观点。

12. 您还会再来井冈山吗？

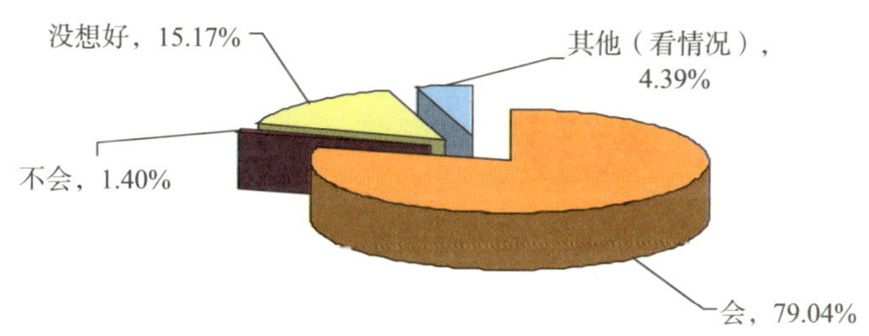

旅游再来井冈山的意愿统计图

从调查数据看到：79.04% 的游客会选择再来井冈山，19.56% 的游客认为没想好或是看情况再决定，极少数的游客明确表示不会再来井冈山。此结果表明，井冈山的旅游做回头客是非常有必要的，因此，抓好自身的服务质量、提高自身服务水平，使游客有很好的服务体验，甚至超越游客的期望值是做旺井冈山旅游的必要条件。

13. 您今后会介绍和推荐家人或朋友来井冈山吗？

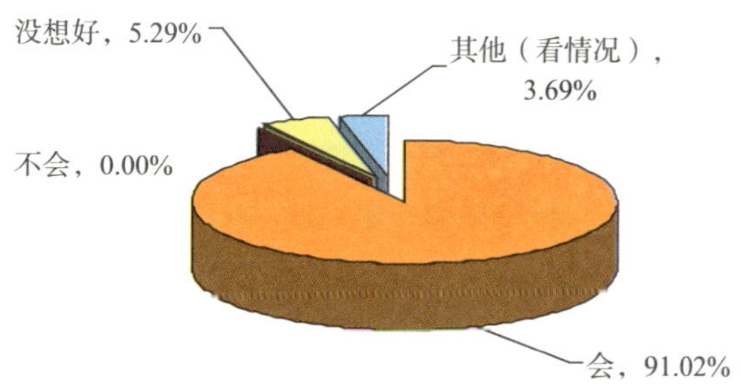

游客向朋友推荐井冈山的意愿统计图

根据调查结果的显示：91.02% 的游客会向家人或朋友推荐来井冈山，8.98% 的游客表示没想好或看情况再决定要不要向家人及朋友推荐井冈山。此数据表明，口碑相传已成为一个重要的宣传渠道，因此，我们在做好旅游服务，提高井冈山的口碑外，致力于扩大口碑相传的范围是有必要的。

14. 游客对井冈山旅游营销方面的意见或建议：

此次调查中有100多名游客提了书面意见和建议，综合起来有两方面内容：

（1）井冈山旅游营销方面：

①通过电视宣传井冈山。如：在中央台播放井冈山革命历史、美丽风景、风土人情的专题宣传片；挖掘井冈山红色内涵进行宣传；参加湖南卫视《爸爸去哪儿》节目；继续播放《井冈山》电视剧等。

②通过网络宣传井冈山。如：通过微信推广；在网络上多上井冈山的风光图片；营销中说明景区范围之大，景点之多及价格情况；在京东、阿里巴巴等网站做跳出广告等。

③与教育部门合作，组织学生培训。

④卖空气罐头。

⑤提升服务质量，增强口碑宣传影响。

⑥现在电视、报纸的宣传效果不明显，浪费钱，多在网站上做宣传。

（2）井冈山旅游管理方面（游客留言，仅供参考）：

①电子门票系统指纹验票比较麻烦，建议取消。

②能否买单点门票？买通票看不完可惜了。

③乘坐观光车不方便，希望私家车能进入景点。

④秩序稍差，管理需加强，服务有待提高，服务条件和态度要改善。

⑤吃饭、购物不规范，纪念品等东西价格过高。乱要价，特别是对外地人，在上海20多元的止痛药，收60元。

⑥导游只介绍有收费的景点。

七、启示

通过本次调查问卷，我们在营销工作可以得到以下几点工作启示：

1. 在营销客源市场细分上，应建立分级市场，一级市场为700公里半径范围内城市，为重点市场；二级市场为700公里范围外，但有航线或火车抵达的城市，为次重点市场；其他的为三级市场。针对不同级别市场制定不同的营销政策，开展不同的推广活动。

2. 在营销对象上，既要全面，又要抓住重点人群。通过形象和品牌宣传覆盖所有人群；通过推广带动重点人群如行政事业企业人群、老年人、青少年、家庭自驾游等。

3. 在宣传内容上，坚持“红色摇篮，生态井冈，精神家园”的形象品牌宣传，但在不同的季节、时节，可适时推出专题的红色和绿色的宣传，如“七一”和“十一”推传统教育游和“缅怀历史游”；4月杜鹃花节推“赏花游”，5～9月推“清凉避暑、休闲度假”游，10～11月推“夕阳游”“登山游”等。

4. 在宣传方式上，目前应建立并强化网络营销 。随着网络信息时代的发展，传统的媒体如电视、报纸、杂志等都呈现下降趋势，甚至旅行社面临行业整合洗牌、转型升级的处境，景区服务的智能化，营销推广的网络化势在必行。

附

井冈山旅游营销调查问卷

尊敬的女士、先生：

欢迎您来到国家5A级旅游景区井冈山！请您协助我们填写这张调查表，在符合您的情况的项目内用“√”表示，我们将非常感谢！

井冈山管理局旅游管理处

1. 您来自________省（自治区、直辖市）________市（县）

2. 您的职业

□公务员 □企事业管理人员 □文教科技人员 □工人 □农民

□军人 □学生 □离退休人员 □其他

3. 您是怎样来本市的

□乘坐火车 □乘坐飞机 □乘坐班线车 □自己或亲友结伴驾车

□旅行社组织 □乘坐单位车辆 □其他

4. 您为什么选择来井冈山？（可多项选择）

□井冈山是革命摇蓝，红色历史享誉中外（冲着红色而来）

□井冈山是国家5A级旅游景区，绿色风光优美且生态良好（冲着绿色而来）

□井冈山品牌宣传力度加大，慕名而来 □其他________

5. 您准备在井冈山住多长时间？

□半天 □一天 □一天半 □两天 □两天以上

6. 您是通过什么途径了解井冈山的？（可多项选择）

□电视　□报纸　□网站　□微信　□旅行社　□教科书　□朋友介绍　□其他

7. 您平时一般通过什么方式获得旅游资讯？

□电视　□报纸　□旅游网站　□当地网站　□社区活动

□旅行社门市部　□别人介绍　□其他＿＿＿＿＿＿

8. 您来井冈山的目的是什么？（可多项选择）

□观光游览　□传统教育　□寻访历史　□健康 / 疗养

□休闲度假　□商务会议　□探亲访友　□其他＿＿＿＿＿＿

9. 您喜欢井冈山的哪些景点？（可多项选择）

□革命博物馆　□北山烈士陵园　□黄洋界　□龙潭　□主峰

□龙江书院　□茅坪八角楼　□茨坪旧居　□杜鹃山　□水口

□大井　□荆竹山　□实景演出《井冈山》　□不清楚，不了解

10. 您对井冈山最感兴趣的是什么？

□景观　□美食　□购物　□休闲度假　□其他＿＿＿＿＿＿

11. 你觉得井冈山比您的预期和想象

□更好了　□差不多　□失望了　□其他＿＿＿＿＿＿

12. 您还会再来井冈山吗？

□会　□不会　□没想好　□其他＿＿＿＿＿＿

13. 您今后会介绍和推荐家人或朋友来井冈山吗？

□会　□不会　□没想好　□其他＿＿＿＿＿＿

14. 请您帮我们出个点子，如何宣传井冈山效果最好：＿＿＿＿＿＿＿＿＿＿＿＿

＿＿＿＿＿＿＿＿＿＿＿＿＿＿＿＿＿＿＿＿＿＿＿＿

调查地点：　　　　调查日期：　　　年　　月

第四章 井冈山精神主题教育
——井冈山红色资源+旅游景区红色培训

井冈山精神是红色旅游发展井冈山模式的独特价值和根本，是井冈山红色培训模式创造的内在推动力，也是井冈山红色旅游的出发点和落脚点。充分利用以井冈山精神为核心的红色资源，开发红色培训，依托中国井冈山干部学院、江西干部学院、全国青少年井冈山革命传统教育基地等培训机构，正确讲解井冈山斗争史、中国共产党革命奋斗史、不断探索党政干部培训、企业员工培训、大中学生培训、军校学员培训等人员分类方式，推出教育整合旅游，把景区课堂化，课堂情景化，突出主题主线，把再现革命风云，对话历史人物，体验红色文化，感悟红色精神，坚定理想信念，考验自我品格，熔炼团队作风等融合在一起，全方位诠释井冈山精神，全力推动红色培训的创新，实现精神洗礼、绿色享受、干部教育、大众消费的目的，形成集培训、参与、体验于一体的“井冈山红色培训模式”。

一、中国井冈山干部学院以锤炼党性为核心的培训新模式

井冈山是中国革命的摇篮，感天动地的井冈山斗争和中国革命精神源头的井冈山精神，使井冈山成为中国共产党革命历程中的里程碑，使井冈山成为中国共产党人永远的精神家园。

（一）把井冈山历史资源优势转化为干部培训的教学优势

井冈山拥有得天独厚的红色资源，在这片红土地上，完好地保存着100多处革命旧居旧址，这些革命遗址和纪念场馆为干部党性锻炼提供了搬不走、移不动、不可复制的实施课堂，为加强干部党性锻炼提供了丰富的素材、良好的载体、鲜活的场景。广大党员干部和民众纷纷来到井冈山，祭奠先烈，体验革命先辈创业的艰辛，矢志做井冈山精神的传人。红色旅游蓬勃发展，迄今为止，井冈山已经接待来自150多个国家的3000多万人次游客。2003年，中央创办了中国井冈山干部学院，培训中高级党政军领导干部、企业经营管理者，井冈山成为领导干部铸魂的红色熔炉。

中国井冈山干部学院以发扬传统、锤炼党性为核心的独特培训理念，以井冈山红色教育素材为依托的独特培训资源，以党性党风党纪教育为重点的独特培训内容，以现场体验式为主的独特培训方式，以独特教风和独特培训效果为特色的师资队伍，以“庄严、激情、崇学、自律”为主旋律的优良学风，以学员打上井冈山精神代代传红色烙印的最终效果体现。

利用井冈山及其周边地区的特殊资源、特殊环境、特殊条件，对党的干部，特别是中高级领导干部，进行井冈山精神、井冈山作风的教育。

井冈山及其周边地区独特的红色资源：

1. 丰富的红色遗迹

2. 灿烂的红色文化

（1）红色诗词楹联

（2）红色歌谣

（3）红色戏曲

（4）红色传说

（5）红色标语和漫画

3. 伟大的井冈山精神

井冈山精神是以毛泽东同志为主要代表的老一辈无产阶级革命家，在创建井冈山革命根据地的斗争中，在开辟中国特色革命道路的伟大实践中，用鲜血和生命培育的无产阶级革命精神。井冈山精神是井冈山革命精神、优良传统、优良作风的总称。它是五四运动以来中国革命精神的最初体现。井冈山精神的主要内涵是“坚定信念、艰苦奋斗、实事求是，依靠群众、勇于胜利”。

红色资源的主要功能：一是政治引导功能；二是文化传承功能；三是道德示范功能；四是意识形态功能；五是教育教学功能；六是历史镜鉴功能。

把红色的革命历史资源转化成为干部教育的教学资源，最根本的办法是使每一项革命传统教育、党性教育活动具有教学形态。

（1）在充分挖掘史料的基础上，找准历史与现实的结合点，对每一个现场点、每一个史实、每一个人物事件进行加工、改造，深化其教学主题，做到寓理于史、寓情于史、理从史出、论从史出。

（2）赋予每个现场一定的教学主题，在讲解的基础上，由教师站在更宏观的角度点出历史背景、梳理历史脉络、分析历史本质、评点该现场的历史启迪意义。

（3）通过综合、立体的教学形式来实现教学内容，即通过集中室内课堂教学、室外（红色景区）现场感受、情景模拟等多种形式和手段来实现教学任务，从而达到教学目标。如突出学员主体性的互动式专题教学、情理交融的现场教学、触摸国情的社会实践、情景模拟的体验教学等教学方式，通过这些教学方式的综合、立体运用，较好地完成教学任务、实现培训目标。

（二）挖掘四类教学资源，形成革命传统教育的三大特色课程群

第一类是核心资源，主要以井冈山及其周边的红色资源。第二类是重要资源，包括井冈山革命根据地时期的六县一山及中央苏区时期的红色资源。第三类是拓展资源，主要包括福建、江西、湖南、湖北等省内的红色资源。第四类是外延资源，包括从大革命失败到长征遵义会议前的红色资源，乃至整个中国革命史。在此基础上，形成三大特色课程群，第一类是井冈山道路方面的品牌课程。要从更宏观的历史背景来研究井冈山斗争和井冈山道路，打造出“井冈山革命斗争史”等特色课程。第二类是井冈山精神方面的品牌课程。要结合时代要求，深入挖掘井冈山精神在新时期的意义和价值，打造出“井冈山精神——中国共产党人革命精神之源”等特色课程。第三类是苏

区精神方面品牌课程。重点挖掘中央苏区干部好作风对当前干部作风建设的启示，打造出“苏区干部好用作风与新时期党的作风建设”等特色课程。

图 4-1 茅坪八角楼

教学资源与特色课程，中国井冈山干部学院注重红色资源的挖掘和运用，解决时代性和历史性、客观性与创造性、理论和实践之间的关系，以增强党性教育效果。

首先，既体现时代性，又把握历史性。红色资源是特定革命和建设时期特定地域的物质、人物、文化资源等的总和，它在干部党性教育中的时代意义是与它的历史性分不开的。没有它的历史功绩，就不可能有它的时代意义。学院明确只有从历史的沉淀中去挖掘革命精神，才能彰显时代意义。加强党性修养和理想信念教育，必须把井冈山精神的教育与改革创新的时代精神教育融合起来，把最真、最美、最富感染力的史实讲出来，并邀请革命、建设和改革开放不同时期的英雄模范人物现身说法，引导学员继承井冈山光荣革命传统，做到内化于心，外化于行，知行统一。

其次，既有创造性，又有客观性。红色资源的挖掘和运用，需要在客观性的基础上不断创新，用老一代革命家的真实事迹去感染新时期的党员干部。特色课程在开发和整合红色资源的过程中，不仅做到实体的开发，而且做到对文化内涵特别是精神内涵的开发。学院与文献研究室、党史研究室和各宣传部门、文化部门、社科研究部门、博物馆、企业、学术团体联合，进行综合性开发与研究，教学过程中注重在客观性历史事件和历史人物的宣传中升华其精神内涵，实现红色资源开发的创新性目的。

最后，既有理论上的教育意义，又有实践上的感染力。红色资源的挖掘和运用不能仅仅停留在理论的说教上，必须做到理论教育和实践感染的互动结合。学院明确要实现这一结合，就需要把红色资源教育纳入干部群众的生活实践中去。红色资源教育应当坚持贴近现实生活的原则，努力创造条件使干部群众在生活中更好地体验到红色历史资源的巨大魅力。把红色资源教育与生活实践结合起来，不仅能使人们在生活实践中感染到红色资源的精神价值，接受社会主义核心价值体系教育，而且有利于在实践的基础上创新社会主义核心价值体系，充分发挥红色资源的教育作用。

为了实现红色教学资源与特色课程的最佳效果，学院十分注重以下几个方面：

第一，内容和形式、精神与实体的统一。首先，实现内容的形式、精神和实体的统一是红色资源挖掘和运用的基础。如果说历史遗址恢复、历史文化的考证是形式的话，那么民族文化精髓、革命精神价值则是其所要挖掘的内容。实现了内容和形式、精神和实体的统一，红色资源的开发才有意义，才能体现开发的价值。其次，内容和形式、精神和实体的统一是红色资源挖掘和运用的价值尺度。红色资源的开发最关键的作用是体验红色资源的价值。在对井冈山及其周边地区众多的革命遗址的开发中，在实体形式的千差万别中挖掘出体现党性的精神产品，也就是按照内容和形式、精神和实体一致的价值原则来挖掘和运用这些红色资源。最后，内容和形式、精神和实体的统一有利于推进党性教育的创新发展。在当代，市场经济的冲击淡化了一些干部对老一代革命家革命精神认可度，也消退了他们对马克思主义、毛泽东思想的理解，一些共产党员忘却了对共产主义的追求和信念。多元文化的出现使马克思主义理论面临新的挑战，党性被追求自我享受的观念所掩盖。红色资源的开发的核心是民族精神、革命精神和信念品质的再现，其本质是增强人们对马克思主义真理的信仰，凝聚人们建设社会主义的信心，唤起人们爱国主义的热情和献身改革事业的决心。在开发中，实现内容和形式、精神和实体的统一，才能达到具体的实体形式和抽象的精神内容的统一，才能在新的时代背景下吸取老一代革命精神。

第二，红色资源的挖掘和运用既要分析其资源种类、地域位置、资源优势、开发成本、开发潜力，又要考虑其特殊性、历史性、时代性和教育性。在开发过程中，必须尊重其历史事实和特殊价值，并具体考虑其内在的特殊地位和历史意义，对于那些有着非凡历史意义和精神内涵的红色资源，要重点挖掘开发，像井冈山革命遗址等。因为这些遗址反衬着井冈山精神和无产阶级革命家对共产主义追求的伟大信念，这正是当前干部党性教育的精神内涵。

第三，红色资源的挖掘和运用在发展中提炼其精神内涵。主要体现：其一是在开发项目上的不断创新，达到经济效益和精神教育的双结合；其二是在开发红色资源的精神价值上推陈出新，用时代的精神价值取向营造新的资源内涵。从红色资源的历史意义上讲，如果其历史品质的开发所展现的产品不能满足时代需要，无法有效体现党性的内涵，那么这种开发肯定不具有发展观念。从红色资源的时代意义上讲，如果偏离时代价值体系，一味追求历史内涵的绝对内容，而不在其中挖掘与中国时代一致的新的精神产品，这种开发必然以滞后时代的脚步而成为历史的“装饰品”。历史需要在与现实的联系中发展，历史上的人物、事件、名胜古迹、文化传统和精神产品同样也需要在时代的发展中赋予新的内涵，从而激起国人的民族意识、确立与时代一致的价值体系。红色资源作为中国共产党历史上的财富，用发展的观念开发运用，必须会实现其最大的教育功效。

第四，突出师资队伍建设，追求独特的教学效果。红色资源的挖掘和运用需要充分发挥教师的主体作用，学院十分重视培养一批在党史党建、基本国情、领导学研究领域教学科研骨干，尤其是井冈山斗争史、井冈山精神方面的专职教师。同时，按照兼职教师“扩大总量、完善结构、提高档次、发挥作用”，加大学者型、知名专家、新时期模范人物、先进人物的聘请力度，形成学院的核心兼职教师圈。红色资源、特色课程、优秀教师队伍，使党性教育成为井冈山干部学院的第一品牌和全国干部教育培训的知名品牌。

（三）以现场体验式为主的独特培训方式

井冈山干部学院探索出了以现场体验式教学为主体，结合激情教学、音像教学、案例教学、社会实践等，不断创新红色景区、红色课堂的教学形式和方法。主要有：

情理交融的现场教学

现场教学是根据一定的教学任务，组织教育对象到实地开展教学活动的教学形式。中国井冈山干部学院的现场教学，是组织学员到井冈山及其周边地区的红色旧居遗址实地参观学习，通过现场点评、现场讲解、现场互动而接受革命传统教育的一种教学方法。学院按照“一个现场教学点就是一部生动的教材”的标准，探索和完善了现场教学“六个一”模式，即“围绕一个主题、讲述一个典型、设计一次活动、营造一种氛围、受到一次震撼、得到一次启迪”，充分挖掘历史史料，反复研究论证各个现场点的主题，努力把静止的、平面的历史资源转化为立体的、鲜活的、形象的教学内容，激发学员情感，启发学员思考。

| 典型案例 |

永远难忘的中国井冈山干部学院现场教学活动

当我站在鲜艳的党旗下，举起手臂庄严地宣誓时，那是我一生中最神圣的时刻。当我站在红军烈士墓前，带着悲怆与热血高唱国际歌立正铮铮誓言时，我再一次体会到神圣到底是什么？！当我带着凝重的心情聆听余伯流、黄少群等老师讲述井冈山革命斗争历史的时候，井冈精神在我心中不断升华！通过中国井冈山干部学院的现场教学活动，我深深地体会到为什么世界上有一种美叫壮美，有一种感动叫震撼！

中国井冈山干部学院的现场教学是一个静态与动态相结合、感性与理性结合的过程，是历史与现实时空交错的过程！是一种极具创新的教学模式。7月21～27日短短的七天，我带着问题，与中井院35期专设班的学员们一路考察，一路交流，一路研讨，一路收获……

……

中国井冈山干部学院的现场教学活动是短暂的，而带给我的思考却是丰富而深刻的。

小井红军烈士墓前引发了对理想信念的思考。在小井红军烈士墓前，我感受了这样一幕：130多名重伤病员面对阴森森的机枪口，不被敌人威胁利诱，相互搀扶着，在“中国共产党万岁”的悲壮口号声中倒下。我们不禁会问，是什么力量使他们忠于党、忠于红军，是什么力量支撑他们，置自己最宝贵的生命于不顾？答案是：他们有崇高的理想和坚定的信念。此时此景，把我们带回到现实，在新的时代条件下我们的理想信念如何具体化、有形化？我们由衷地感到，只要胸怀共产主义远大理想，对中国特色社会主义道路充满信心，我们就能在改革发展中无论遇到什么样的困难甚至挫折，都不会怀疑、不会动摇、不会丧失信心，都会不畏困难，勇往直前。

茅坪八角楼引发了我对理论创新的思考。茅坪八角楼，是当年保存下来的，让我平添了几分亲切和留恋。就是在这栋普通的民宅里，毛泽东面对惨烈的现实斗争苦苦思索，大胆地进行了共产主义道路的理论创新，把马克思主义普遍真理与中国革命实际相结合，写下了《中国的红色政权为什么能够存在》和《井冈山的斗争》两篇光辉著作，从而为农村包围城市武装夺取政权革命道路的形成奠定了坚实的基础。由此我想到，它也是中国共产党人理论创新的成果，实践中，我们要把马克思主义中国化继续推向前进。在回来的车上，大家在文体委员的指挥下，一路饱含深情地高歌那支振奋了几代革命军人英雄斗志的军歌：“向前！向前！向前！我们的队伍向太阳……”

在曾志墓前引发了对领导干部人生观、价值观和政绩观的思考。怀着对曾志同志的敬仰，我们来到她老人家的墓前。小小的墓碑上镌刻着“魂归井冈山——老红军战士曾志”几个字。这块墓地是遵照曾志同志的遗嘱而建。凝望着这块朴素的墓碑，无须再多的言语和说教，我对曾志等老一辈无产阶级革命家已经是肃然起敬。曾志同志是我党一位功勋卓著的早期领导人，而她却淡泊名利，表现出一个共产党员的崇高气节。在我们构建和谐社会的今天，领导干部树立什么样的人生观、价值观、政绩观就不言自明了。我们应该超越个人的得失，把我们的出发点和落脚点真正放在执政为民上。

……

现场教学中，老师讲道：据《党的文献》2006年第3期刊载江西省原副省长王卓超的回忆，1965年，毛泽东重上井冈山问当时在场的人：井冈山的精神是什么？在场的人回答，是艰苦奋斗。听了回答，毛主席笑了，说艰苦奋斗只是一个方面，还差两点，要从制度方面去想。有人加了一条支部建在连上。毛主席点点头，说：在井冈山时期，我们摸索了一套好制度、好作风，现在比较提倡的是艰苦奋斗，得到重视的是支部建在连上，忽视的是士兵委员会。现在什么都有了，可士兵委员会不容忽视，那时好在苦惯了。而且什么人都一样苦，从军长到伙夫……官兵都一样！主席留给后人的是无尽的思索……

一次井冈行，终生井冈情！我对井冈山这块饱经风雨的红土地怀揣着永久的眷恋。我永远不会忘记在井冈山的所见、所闻和体验到的一切，我更不会忘记自己向革命烈士立下的誓言。伟大的井冈山精神将永远伴随着我前行。我将带着忠诚、责任、激情和奉献回到自己的工作岗位，立党为公，执政为民，努力创造出无愧于时代的工作业绩，以此来告慰长眠在井冈山下的革命烈士。愿伟大的井冈山精神世代相传！祝福井冈山的明天更加美好！

摘自：学员博客

现场教学是中国井冈山干部学院的一道最亮丽的色彩，给学员留下了极其深刻的印象。有学员感触道："每到一现场，主讲教师都怀着深厚的感情进行总体的点评，然后讲解员身着红军服进行系统的讲解。不论是那些富有历史感的实物，还是那些纪实的照片；不论是配置高科技的井冈山斗争全景画声光电演示，还是普通的音像资料播放；不论是向烈士陵园敬献花圈，还是在黄洋界朗诵毛主席诗词，都会把我们拉回到那烽火连天的历史岁月，使我们感受到井冈山斗争的残酷与红军战士的英勇，从而加深了对井冈山精神的理解。在讲授中加深我们的理解，在参与中激发我们的感情，这种心灵的冲击和感受是其他教育形式都难以比拟的。"

情景模拟的体验教学

所谓情景模拟体验教学，就是指根据教学目的要求，通过设计特定的场景、人物、事件，再现事件或事物发生与发展的真实情景，并由老师引导学员进入相关的角色并亲身体验、实践、感悟的过程。

中国井冈山干部学院体验式教学的两种类型：

1. 重走朱毛红军挑粮小道

朱毛红军挑粮小道位于井冈山西北面的黄洋界下面，目前保存完好。它是当年红军从宁冈挑粮上山路线的一小段，全长3.1公里，路为羊肠小道，崎岖不平。1928年年底，在毛泽东、朱德同志亲自带领下，红军靠着肩挑背驮把30多万斤粮食运上了井冈山，解决了给养问题。这段历史和故事体现了老一辈无产阶级革命家身先士卒、率先垂范的高风亮节，对新时期领导干部有很好的教育意义。

学院根据这一独特的历史资源和自然资源，精心设计，选择井冈山斗争时期的朱毛红军挑粮小道作为场景，制作和购买红旗、红军服、标志带、扁担、箩筐、红米等教具，教学时让学员身穿红军服，或挑或背米，重走这段崎岖山路。学员走完这段路，到达黄洋界哨口时，个个都是汗流浃背，无不感慨道："挑粮小道的满头大汗，胜过教科书上的千千万万。"通过这种形式，学员亲身体验了革命先辈的优良作风，感悟红色政权的来之不易。

| 典型案例 |

学员眼中的"挑粮小道"

2009年11月11日，上午体验式教学。7:40乘学院大巴经过近80分钟行程，来到茨坪大陇镇源头村，这里是"朱毛挑粮小道"的始发点，在听取学院教师做的《重走朱毛挑粮小道，感受领袖崇高风范》的讲解后，我们便开始了"重走小道"行程，沿着半米宽的山涧小路，从海拔800米高度向海拔1300余米的黄洋界挺进，全程3.1公里，此时风雨交加，路滑险陡，艰辛是可以想象的。

在向导引领下，我们步入小道的那一刻，个个或戴斗笠或撑雨伞，都有争先恐后，先睹小道真面目之心情，学员取出相机对着队伍定格那充满激情的瞬间。我抬头向山顶望去，那茂密的灌木和挺拔的乔木在烟雨中显得格外翠绿，虽是初冬可那眼中胜景却胜比春色。此时，前面传来阵阵歌声，是向导大嫂的《毛委员挑粮上井冈》《八角楼的灯光》……不时地在山谷中回荡，唱得是那么的淳朴那么甜美。

然而，在雨中的我不久却发现，山路的小道不好走，时而繁枝阻路，时而碎石横冲，时而路滑坡陡，时而雨水蒙眼，身穿红军服、脚蹬运动鞋的学员们，个个呼吸急促，慢慢地，分不清是雨水或是汗水，可早已湿透全身，此时的气温只有12℃，风一吹冷得发抖，行走的速度虽然慢了下来，但没有停留，艰辛的步履仍向前移动着。一个小时过去了，路程虽已过半，可原来较为集中的队伍此时也已断断续续，有的沉默了，刺激、新鲜和兴奋的欢乐声随着路途的延伸消散了，也许陷入历史的追忆与沉思，如果说前半部行程是体力，那接下来就是毅力和动力在支撑着、在鼓励着……

1000米，800米……当走到第六个休息站点时，我停了下来，手握着支撑的小竹竿，擦了擦头上的汗水，整了整身上的红军装，扶了扶我的红军帽，抬头向指示牌望去，200米，这里是当年朱毛挑粮休息点！胜利了！不顾疲惫的我加快了步伐，向终点冲去……

3.1公里的路程，那是当年挑粮的一小段，我们空手走来却如此艰辛，当年“人口不满两千、产谷不满万担”的井冈，粮食是红军的血液和生命，从宁冈、永新、遂川三县挑粮上山，往返百余里，途径陡峭山路，肩负重担其艰难程度可想而知，可他们每一步都那样坚实，每一臂摆都那样有力。那是一种信念一种精神在引领着，朱毛挑粮见证了党的领袖联系群众、率先垂范的价格魅力，见证了人民军队坚定信念、艰苦奋斗的精神力量，见证了共产党人勇于开拓、敢于胜利的高超胆略。

今天，革命摇篮、绿色家园的井冈，当你仰视云海环绕的黄洋界，步履于陡峭的挑粮小道，瞻仰烈士陵园革命先辈时……吮吸着井冈山精神，“坚定信念、艰苦奋斗、实事求是、敢创新路、依靠群众、勇于胜利”鼓舞和激励着民众。

摘自：学员博客

2. 学员在“三大纪律”颁布地自做“红军餐”

荆竹山坐落在井冈山的正西面，整个村庄呈狭长形状，一边是如锯齿形的笔架峰，另一边则像是天宫中擂台似的平水岭。通过该村往西而行，便是湖南炎陵县境界。20世纪二三十年代，这里是一个有30多栋黄泥土屋的小村庄。山腰间长满各种小山竹，以荆竹最多，所以这里很久以前就称为“荆竹山”。

1927 年 10 月 23 日，毛泽东同志率领秋收起义部队进入荆竹山，当时的井冈山绿林首领王佐派联络副官朱诗柳前来迎接。毛泽东和他彻夜长谈，不仅把自己的身世、共产党的宗旨和任务以及秋收起义部队攻长沙失利后艰难上山的情况一一相告，而且了解到王佐由于以往多次上过反动民团的当，所以对武装队伍疑心重重，处处警惕。毛泽东感到，要在井冈山站稳脚跟并寻求发展，就要立即为这支初上井冈山的军队立个规矩，建设一支人民拥护的队伍。

1927 年 10 月 24 日，在荆竹山村村头旁的一片收割完的稻田里，毛泽东同志在这支 100 人左右的队伍面前讲话。他站在雷打石上，热情地赞扬了官兵们冲破艰难险阻坚持革命的精神，兴奋地向大家介绍了井冈山的形势和王佐的情况，并向大家宣布了三条纪律：行动听指挥；打土豪筹款子要归公；不拿老百姓一个红薯。这是中国红军“三大纪律”的最早雏形。这三条纪律简朴而又易懂，迅速成为全体官兵的自觉行动。

学院根据这样的历史背景，组织学员在荆竹山雷打石下进行主题为“共产党的纪律是铁的纪律”的现场教学，组织学员齐声高唱《三大纪律·八项注意》歌曲，组织学员在山上挖来野菜、竹笋，自做红军餐，既可以让学员感受当年红军的纪律严明，增强自身的组织纪律观念，又可以让学员感受到当年井冈山的艰苦生活，体验革命先辈坚定信念的高尚品格，还可以培养学员的团队精神。

心理学研究表明：“阅读的信息，我们能记得 10%，听到的信息，我们能记得 20%，但所经历过的事，我们却能记得 80%。”在干部革命传统教育中实施体验式教学，采用情景模拟方法，通过再现历史的某个场景和片段，做到感性冲击与理性思考相结合，引发学员的强烈心灵体验和情感共鸣。

气氛热烈的激情教学

激情教学就是用教师的激情去点燃学员的激情，使学员的心灵受到碰撞，智慧得到启迪，潜能得以挖掘，表现出一种高亢、昂扬向上的精神状态。激情教学现在已经成为中井院教法中一道亮丽的色彩，是实现学院“激发广大党员干部保持革命激情的‘加油站’”功能定位的一种重要方法。

目前学院激情教学的主要途径是唱红色革命歌曲、观看学院和井冈山大学合作创作的《音乐舞蹈史诗——井冈山》，使学员通过唱革命歌曲、观看红色歌舞演出这两个途径能穿越时空，真正走进井冈山的历史之中，感悟那段艰苦卓绝的斗争岁月。

其中，《音乐舞蹈史诗——井冈山》自2006年3月开始正式演出，迄今共有130多个班次近万名学员观看，受到学员的普遍欢迎和充分肯定。很多学员在教学评价表中用“气势磅礴”“震撼心灵”“历史再现”等字眼来形容。

在激情教学中我们力求做到“三个统一”

激情与理性的统一。一方面通过激情教学，震撼学员的心灵。冲击学员的灵魂，达到情感升华。同时，在激发感情的基础上，启发学员对历史、对现实的思考。主持激情教学的教师会把教学的目的要求详细地介绍给学员，并把要唱的每一首红色歌曲产生的背景、内涵、意蕴作详细的讲授。

激情与各个教学环节的统一。开展教学时教师首先必须充满激情，用一种高昂的精神状态、真挚深沉的情感，通过不同的交流方式，把教学中的各个环节紧密有效地结合起来，用老师的激情点燃学员的激情。

激情迸发与激情保持的统一。激情的特点之一是容易稍纵即逝。因此，在教学中教师要相应的理念升华，从而使学员把激情维持到学习的全过程，并保持到工作中去。

典型案例

唱响红歌　点燃激情
——中国井冈山干部学院开展激情教学

“红米饭那个南瓜汤哟、嘿罗嘿，挖野菜那个也当粮罗、嘿罗嘿，毛委员和我们在一起罗、嘿罗嘿，嘿！餐餐味道香，味道香，嘿罗嘿……”一首雄浑、豪迈的《毛委员和我们在一起》，拉开了第2期中青年干部党性教育专题培训班8月10日晚激情教学的序幕，也仿佛把学员带入了80多年前如火如荼的井冈山斗争岁月。

井冈山斗争时期，留下了许多脍炙人口的红色歌曲。这些歌曲是那个时代革命者的心声，彰显了革命先辈的奋斗精神，是井冈山精神的真实再现。只要听到这些曲调，人们就会联想起当年艰苦卓绝的斗争场景以及母送子、妻送郎的动人情景。

这是一种独特的教学形式，这是一场别开生面的教学活动。学员一边听老师的歌曲背景介绍，一边轻声吟唱，《映山红》《三大纪律·八项注意》《十送红军》《毛委员和我们在一起》《歌唱祖国》《为了谁》6首红色经典歌曲。短短70分钟的教学时间很快就过去了，但大家余兴未尽，似乎忘了下课的时间，久久不愿离开教室。

历史需要追忆，激情需要点燃，精神才能传承。歌声唤起了学员们的回忆，点燃了学员们的激情。

马海莉（青海省妇联主席）：中国井冈山干部学院的“激情教学”具有创新、鲜活、实效的特点。“新”在把广为宣传、群众喜闻乐见的文娱活动，升华到课程体系上，成为一种让领导干部受教育的课程。“活”在教员与学员、学员与学员的互动中，感受着歌曲背后那感人故事和难忘历史。“实”在所选的歌曲，紧扣教学主题，把井冈山精神和党的宗旨，通过一首首歌曲再现在我们的眼前。在激情教学中唱革命歌曲，就如讲了井冈山的一段历史，让我们在嘹亮的歌声中，又一次重温了在革命最艰难的时刻，群众与党、与人民军队的亲情，重温了“坚定信念、艰苦奋斗，实事求是、敢闯新路，依靠群众、勇于胜利”的井冈山精神。

季缃绮（山东省商业集团有限公司董事长、党委书记）：诗咏志，歌抒怀。激情教学令人心潮激荡，豪情满怀！激昂的革命歌声虽然飘过了几十年，但它始终充满着强大而鲜活的艺术感染力和生命力，激励着一代又一代人投入到革命和建设事业中。革命歌曲充满了理想信念、歌颂着美好和希望，净化心灵、鼓舞斗志。我们今天唱着它，会遥想到革命战争时期的激情岁月，会珍惜今天来之不易的美好生活，会更加增强党性、坚定信念、精神抖擞地投入改革开放的大潮中去。我们会把革命歌曲永远传唱下去，把井冈山精神永远传承下去！

陈蔷（吉林省纪委副书记、省监察厅厅长）：当革命歌曲响起时，竟有一种久别重逢的感觉。我们不是在唱歌，是在重温历史，是在缅怀先烈，是在洗礼灵魂。这是真挚的颂扬，是深情的呼唤，是内心的共鸣。革命歌曲给我们力量，给我们激情，给我们精神营养。它告诉我们：不要忘记党的历史，不要忘记革命先烈，不要忘记井冈山精神，不要忘记使命与责任。

谷澍（中国工商银行董事会秘书兼战略管理与投资部总经理）：“若要

盼得哟红军来，岭上开遍哟映山红。”这些旋律优美的革命老歌，儿时就经常唱，耳熟能详，长大后也时常听到，但从来没有一次在井冈山这个中国革命摇篮唱过，也从来没有像今天这样唱得心潮澎湃。歌声中，我们仿佛又回到了峥嵘岁月，感受到红军高唱军歌、整装待发，随时准备为了主义牺牲自己的那种激情。当前，红色歌曲仍然具有强大生命力，可以让我们永远充满着革命激情。

贾庆玲（国务院机关事务管理局机关党委常务副书记兼人事司副司长）：全班同学聚在一起，以高昂的歌声颂扬井冈山、颂扬共产党。唱着革命歌曲，我们无比激动。在歌声中，我们更加感受到毛主席领导工农红军登上井冈山、创建第一块农村革命根据地的英明正确，感受到中国革命胜利的来之不易。我们仿佛又看到无数革命先烈为了理想、为了信念不惜牺牲自己年轻生命的英雄壮举。今天，当我们唱起井冈山的红歌时，如同听到了冲锋的号角，把共产党人召集在一起，为理想而不懈奋斗。

郑慧芬（国家知识产权局专利局化学发明审查部部长）：曾几何时,《映山红》《三大纪律·八项注意》《歌唱祖国》等这些伴随我们这一代人成长、如此熟悉的革命歌曲，竟然有了些许的淡忘。今天，当我们在革命根据地——井冈山再次唱响它们的时候，我和同学们都有种不曾体味到的、来自心灵的震撼。一首歌唱短短几分钟即可唱完，一堂激情教学课也不过个把小时、每个党的干部要付诸一生的实践。

罗明（中央电视台副台长、分党组副书记）：激情教学是一个很让人感动的教学形式，能够让你感觉到与平常参加的文艺活动不一样。不一样首先在于这个地方，井冈山能给我们带来激情、红色回忆和感动。我们在这里进行激情教学，感觉确实与众不同，而且氛围非常好，曲目选择也很好。我们不仅是听课人，而且是参与者，这样的效果特别好。一些学员的年纪都不小了，但从他们的歌声中，我感觉到了青春的激情、彼此的感动。在我们这种年岁，激情能够在一个小时当中得到释放，是非常难得的。这种激情是新时期的领导干部、共产党员，必须永远保持的。激情教学后，我感慨万千，写了一首七言绝句：岁月蹉跎沐新风，后继前仆动人同；从容满目谁报喜，岭上三月映山红。

许瑞表（国家工商行政管理局商标评审委员会主任）：我是唱着革命歌

曲长大的，今天在井冈山再唱革命歌曲，感到很亲切。激情教学方式非常好，内容严肃，形式活泼。大家唱歌的情绪都很高，四五十岁的人，感觉突然变得年轻了。在歌唱当中大家激情迸发，心灵得到洗涤，境界骤然提升。改革开放后，国家取得瞩目的成就，党的事业取得历史性进展，但是仍然面临严峻挑战，任重道远，需要我们始终永葆激情、朝气和锐气。

——摘自：第三期中青年干部党性教育专题培训班第6期工作简报

附：中国井冈山干部学院部分现场教学点教学主题一览表

现场教学点名称	主要教学主题	现场教学点名称	主要教学主题
1 井冈山革命博物馆	继承革命传统争取更大光荣	11 瑞金一苏大会址	中国共产党在瑞金局部执政的经验
2 井冈山革命烈士陵园	忠于理想，无私奉献	12 瑞金二苏大会址	关心群众生活，注意群众方法
3 大井朱毛旧居	勤于学习，勇于探索	13 南昌八一起义纪念馆	打响第一枪，军旗高高扬
4 小井红军医院	自力更生，艰苦奋斗	14 古田会议旧址	加强党建，锻造军魂
5 小井红军烈士墓	坚贞不屈，不怕牺牲	15 荆竹山雷打石	加强纪律性，革命无不胜
6 黄洋界保卫战旧址	依靠群众，勇于胜利	16 渼陂二七会 议旧址	深化土地革命，扩大苏维埃区域
7 茅坪八角楼	坚定信念，开拓创新	17 新余罗坊会议旧址	发扬优良传统，加强调查研究
8 朱毛会师纪念馆	激流归大海	18 湖南韶山毛泽东旧居	早年毛泽东的生活与思想（中国出了个毛泽东）
9 三湾改编旧址	坚定革命信念，紧跟共产党走（缔造新型的人民军队）	19 红军军官教导队	加强教育培训，提高军政素质
10 萍乡安源路矿工人运动纪念馆	夯实党的阶级基础，保持党的先进性	20 弋阳方志敏烈士纪念馆	为主义而生，以清贫为荣

二、江西干部学院理想信念教育独具特色培训新模式

江西干部学院系省委组织部直属事业单位，也系井冈山党员干部培训中心（黄洋界宾馆）。2010年11月增挂江西干部学院牌子。江西干部学院一直

秉承“以井冈山精神提升培训品牌，以培训品质彰显井冈山精神”的理念，紧扣“井冈山精神代代相传”这一核心命题，以红色资源为依托，以学员需求为中心，以陪伴心路为手段，挖掘整合井冈山红色培训资源，研发党性教育精品课程，创新党员干部教育方法，探索出了理想信念教育培训模式。注重寓理于史，在红色景区开展遗址遗迹现场教学中探寻红色足迹；注重寓情于事，在开展红色后代与学员互动教学中重温红色经典；注重寓教于乐，在开展红色拓展体验教学中感悟红军生活，让党性教育看得见、摸得着、悟得到，真正使井冈山精神内化于心，外化于行，春风化雨、润物无声。

江西干部学院，以其独特的办学理念和培训模式展开了干部培训领域的“星火工程”，面向全国开展革命传统教育、理想信念教育与现代管理培训。犹如一个强大的磁场，吸引着全国各地党员干部竞相选学。学员来自全国各省市自治区和国家部委机关、中央企业。学员类型既有党政干部，也有企业干部、高校干部、社会团体干部，还有藏传佛教高级学衔获得者，大学生村官、中小学生、红军后代、企业家新生代等。江西干部学院已成为国内培训规模最大的理想信念教育培训机构之一。

（一）红色培训理念创新

江西干部学院在探索创新的基础上确立了三大培训理念：

（1）教育别人先改变自己，历练自己再精练课程。

（2）陪伴学员心路历程，促进学员内心成长。

（3）立足真实，追求精细。

（二）红色课程建设创新

培训围绕着“井冈山精神代代相传”这一核心命题，本着传播知识、增强能力、提高素质、触及灵魂、增强党性的思路，相继开发了互动教学、红色拓展训练、红色故事会、激情教学、案例教学、专题教学、体验式教学、音像教学、红歌会等多种教学形式。

| 图 4-2　井冈精神讲座 |

1. 互动教学——《井冈山精神代代相传》

课程以井冈山精神的传承和创新为主线，邀请红军后代、井冈山建设者、井冈山消防官兵、井冈山精神宣讲第一人等嘉宾与学员互动交流，引导学员在历史和现实的碰撞中，理解井冈山精神的实质与时代价值。

教学形式

互动教学：主持引导、实地考察、嘉宾访谈、绘画创作、互动交流、即兴表演、献爱心。

互动教学“井冈山精神代代相传”四大模块（视培训班情况组合）

①丰碑永存，英魂彪炳千秋史

走进红军后代，追忆革命先辈，解读井冈山精神；

②艰苦奋斗，热血青春谱华章

上海知青垦荒井冈，艰苦奋斗，弘扬井冈山精神；

③传承创新，忠诚卫士铸军魂

当代红军心系群众，敢于胜利，创新井冈山精神；

④继往开来，井冈精神代代传

老少妇孺躬身力行，锦心绣口，践行井冈山精神。

互动教学嘉宾。袁文才的孙子袁建芳，王佐的孙子王生茂，曾志的孙子石金龙，老红军江志华、孙江、满风、毛秉华、李春祥，上海知青章华生、杨洁如，消防大队甘小泉。

授课情况。2008 年 5 月开始调研采访，7 月中旬开始试讲。截至 2012 年 10 月 26 日，共授课 632 堂（2008 年 23 堂，2009 年 94 堂，2010 年 141 堂，2011 年 166 堂，2012 年 208 堂），一般为 2 ~ 3 个培训班合班上课，共 1231 个培训班，培训学员 59898 人（不含出外授课的人数）。

2. 红色故事会——《追忆先辈人生坐标》

这堂课的特点就是用故事的形式展现老一代的精神世界，用他们一生的闪光点来进行井冈山精神的传承。红色故事会——真人讲真事，朱良才上将之子朱新春、李聚奎上将之子李生雨、欧阳毅中将之子欧阳海燕、郑效峰少

图 4-3　井冈山上学传统

将之子郑南松和郑南冬、熊寿祺之女熊存开、刘型之女刘松柏和女婿梁汉平，把历史“讲活”。课程走进中组部机关、国家行政学院、全国公安警卫部队、中国社会科学院、中国人民大学、解放军总装指挥学院、解放军士官学院、江苏省纪检系统、河南省委组织部、江西师范大学、南昌航空工业大学、省监狱管理局……

| 典型经验 |

学习传承井冈山精神　做党性最强组工干部
中央组织部机关举办党性教育报告会

本报北京讯（记者　窦克林）为庆祝中国共产党成立91周年，进一步加强党性教育，6月29日上午，中央组织部机关举办党性教育报告会暨“七一”党课。中共中央政治局委员、中央书记处书记、中组部部长李源潮出席报告会。中组部常务副部长沈跃跃主持报告会。会议要求，部机关党员干部带头继承和发扬优良革命传统，努力做学习、宣传、践行革命精神的表率，进一步坚定理想信念，讲党性、重品行、作表率，立足本职创先争优，以优异成绩迎接党的十八大胜利召开。

报告会以“学习传承井冈山精神，做党性最强组工干部”为主题，由江西干部学院红军后代授课团，采取现场访谈、情景再现等方式，运用井冈山丰富红色教育资源，追忆革命前辈感人事迹，讲述革命精神传承实践。会上，曾志同志亲属结合亲身经历，以朴素语言、真挚感情，追忆了曾志同志信念坚定、坚持原则、淡泊名利的动人事迹；红军后代缅怀前辈，展现了赵尔陆、张国华等开国将军对党无限忠诚、对人民高度负责、对自身严格要求的崇高风范；井冈山龙潭景区保洁员演唱了爷爷老红军江治华在井冈山斗争时期创作的歌曲，并讲述了谢绝组织的照顾，甘于在平凡岗位上传承和实践井冈山精神的生动事例。

报告会在中组部党员干部中引起强烈反响。部机关召开青年干部座谈会，畅谈认识体会。许多同志还通过机关局域网论坛、手机短信等方式，表达学习感受。大家认为，报告会运用独具特色的新颖形式，进行理想信念和革命传统教育，真人真事、情理交融，触及灵魂、震撼人心，取得了很好的教育效果。一些同志说，他们一直被紧紧地牵动着、深深地感动着，含着热泪听完报告会，心里久久不能平静。一些年轻干部说，报告会对自己精神世界是一次洗礼，对自己理想信念是一次充电，对自己价值追求是一次指引，在心灵深处打下井冈山精神的烙印。大家认为，我们党在领导中国革命、建设、改革等艰辛实践中，培育和铸就了包括井冈山精神在内的伟大精神，体现着共产党人核心价值，也是组工干部的党性之源。许多同志谈到，学习传承革命精神，要坚定中国特色社会主义共同理想，坚守共产党人精神家园，实践先进组工文化，为党分忧，为党担责；要坚持密切联系群众，拜人民为师，走出机关，深入基层，直接联系服务党员干部群众；要坚持做党的事业的螺丝钉，履职尽责、公道正派，清正廉洁、淡泊名利，为干部人才成长服务奉献。大家一致表示，面对新形势新任务，要带头讲党性、重品行、作表率，把学习实践革命精神形成的精神力量，转化为推动组织工作创新发展的强大动力，努力争当“三服务”优秀标兵，争创“两满意”模范部门。

记者 窦克林《中国组织人事报》(2012-07-04 01 版：要闻版)

3. 红色拓展训练——《重走红军路》

课程由荆竹山红色拓展训练和重走“朱毛红军挑粮小道”两个部分组成。在革命遗址遗迹上利用纯自然设施开展体验式项目，在满足一般拓展训练目的基础上要注重革命传统精神的教育与体验。

课程结构

红色拓展训练：组建团队、现场讲解、实地体验、情景模拟。

典型案例

江西干部学院探索党员干部理想信念教育新路子
真人真事把历史“讲活”“陪伴式”教育发人深省

【编者按】一个民族的精神是其前进的动力，历经岁月洗礼，总有些民族特质会代代相传并融入下一代的血液。从民族精神中催生而来，又经共产党人在伟大的革命斗争和社会实践中探索出来的时代精神和革命精神，更是优秀的民族精神的发展与升华。近年来，江西省委组织部江西干部学院（井冈山党员干部培训中心）创新干部教育培训体制机制，依托井冈山丰富的红色资源，打造红色寻根培训模式，用生动的形式引导学员坚定理想信念，积极探索出了一条党员干部教育培训新路子。

学员感动落泪

大江网讯 记者尹坤摄影报道：一次井冈行，一生井冈情。4月11日，在井冈山江西干部学院，在被喻为“重磅催泪弹”的课程——“互动课堂：井冈山精神代代相传”教学过程中，来自江苏省组织人事系统、山西省老干部局的学员一边擦拭着眼角的热泪，一边对记者说：“井冈山精神是中国革命的精神之源，井冈山革命先辈依靠坚定的理想信念、甘于奉献，为我们创造了今天的幸福生活，我们没有理由不做好自己的本职工作。”

真人真事把历史“讲活”

江西干部学院负责人、博士后裴鸿卫主任介绍说，井冈山有着丰富的红色资源，做好红色培训首先就是要把这些资源整合起来。“我们注重挖掘本土真实的史实和故事，整合井冈山各种红色资源，同时邀请在井冈山战斗过的红军后代，组成‘红军后代授课团’，与学员交流互动，用真人、真事把历史‘讲活’。”

目前，学院与井冈儿女联谊会（中国中共党史人物研究会井冈红军人物研究分会）合作组建了红军后代授课团。目前，已经有近60位曾在井冈山战斗过的红军的后代从北京、上海、广东、湖南等地来到学院担任义务教员。由“红军后代授课团”把父辈的光荣传统讲给学员听，通过情感再现、互动交流，把烈士用鲜血写出来的党史，变成了有血有肉的人物故事，实现了历史与现实的“血脉对话”。这使得很多学员的心灵在历史和现实的碰撞中受到强烈震撼，达到“以史育人、以情动人”的教学目的。

江苏省组织人事系统培训班的学员张海燕告诉记者，她是第一次来到井冈山，以前对井冈山精神的认识仅局限于书本，经过近一周有针对性的培训，她深受感染。“井冈山革命先辈是播种者，他们为追求幸福生活坚定理想信念、大公无私、甘于奉献的精神令人敬仰，很多人甚至连名字都没留下。作为收获者的我们，没有理由不做好自己的本职工作。”

“江西干部学院的红色培训模式非常好，是形式与内容的高度统一，设置的课程非常具有针对性和启示意义，通过关注人的心路历程，引发学员某一方面的思考，让学员自觉接受教育并转化为内在动力。”江苏省组织人事系统培训班的带队负责人郎成平表示，他们从2010年开始在井冈山举办首期培训班，受训学员均受益匪浅，2012年是第三期，他们还将举办第四期甚至更多。

实景实物让历史“重演”

身着红军服、重走红军路、吃一顿红米饭、唱一首红军歌，按照当年红军部队建制组建团队，情景模拟、拓展训练等，通过激情教学、体验式拓展教学等多种形式使学员们进入角色，切身感悟井冈山精神。

4月10日，在荆竹山雷打石面前，中国运载火箭技术研究院培训班的学员们郑重宣布各自团队的“三大纪律·八项注意”。该培训班共40人，模拟成立了中国工农红军第四军，分别组建成井冈山红军的第28、29、31和32团。成立之初，大家都需要坐在一起，商量并确定各自的团徽、团训、团歌，同时推选出团长等指挥官。

沿着当年红军从井冈山撤离的山路，该培训班的学员们进行了拓展式教学，走山路、过溪涧、攀陡坡，学员们通过亲身体验红军走过的路程，在实际体验中接受教育。

中国运载火箭技术研究院培训班的临时党支部书记刘俊庆告诉记者，通过重温井冈山红军的生活及军事训练，让他深刻体会到井冈山精神的伟大。“这是一次洗脑洗心洗肺的精神之旅，通过亲身参与、换位思考让我更好地了解井冈山精神的深刻内涵及延伸。为人处世要有坚定的信念，要学会运用正确的方法解决问题，要善于发挥团队协作的作用。”

江苏省组织人事系统培训班班长沙晰清坦言：“从事党员教育不是空洞的说教，而是生动的情景再现。江西干部学院的培训模式在党性教育中具有范本作用。”

“陪伴式”教学发人深省

挖掘本土真实的史实和故事，邀请本土典型或代表人物与学员交流互动，用真人、真事把历史“讲活”，一直以来是井冈山党员干部培训中心开展互动式教学的一种独特形式。然而令人惊奇的是，江西干部学院的教员大多为“80后”年轻教员，很多甚至并非相关专业的人才。然而这些人又如何能让来自全国各地的领导干部、专家学者“折服”呢？

江西干部学院汪光华博士后介绍说，学院在继承革命传统教育培训模式的基础上，不断创新，在培训理念、课程开发、教学形式等方面取得重大突破。确立了“陪伴式”教学理念，坚持以人为本，即以学员为中心陪伴式教学理念（真实、尊重、陪伴），课程设计与教学实施按照学员上山的心路历程进行设计，尊重学员心理需求，打开学员心扉，触动学员灵魂，陪伴引导学员心路改变与成长历程。“我们将陪伴式教学理念运用到相关教学活动中，对现有教学活动重新进行整体设计，再根据学员层次和需求，量身定制培训课程。”

“80后”教员叶婧告诉记者，自己从2008年跟班实习至2010年开始正式教学，学院的每一名教员都要到各个课堂去串场，为了提升教学水平，很多教员白天上课，晚上对比教学视频，及时总结自身的不足并加以完善。“有的老师最忙的时候一天要上8堂课，所有的年轻老师都是在实践讲学的历练中不断成长。”

“我们与教员之间不是传统意义上的师生关系，更多的是他们学习过程中的陪伴者、思想上的催化师。”叶婧表示，学院的每一位教员都是带着自己的问题去与学员们分享，大家彼此之间相互坦诚共同学习，通过朴实的讲述以及互动交流，让学员在培训过程中受到启发，引发他们的思考和感悟。

此外，学员们对教员各方面的整体反馈也是决定教员去留的一个重要因

图4-4 红军后代在黄洋界

素。“每次培训班结束前，我们都会组织学员对每位授课教师的教学内容、教学态度、教学方式、教学效果进行调查评估，对有三分之一学员感觉讲课一般的教师予以淘汰。”汪光华如是说。

来源：大江网

典型案例

巍巍井冈 精神家园
江西干部学院形成独具特色理想信念教育新模式

巍巍井冈满山翠绿，映衬着散布其间的革命旧址遗迹，讲述着流传不息的经典故事。

在江西干部学院接受培训，每一位学员的心里都无法平静。激情在燃烧，思绪在飞扬。从满脸稚气的少先队员，到朝气蓬勃的青年干部；从各级领导到来自各行各业的群众，都在这里接受心灵的洗礼，感悟井冈山光荣的历史和党所培育的优良传统、伟大精神。

寓教于乐 精神洗礼

昔日战场，今日课堂。在千峰竞秀、云雾缭绕的山林，学员统一着红军服、穿草鞋、背土枪，模拟当年红军作战的场景，追寻先辈的足迹，体验革命的艰辛。

著名的黄洋界保卫战旧址，至今保留着众多当年哨口工事和作战壕堑。高山深谷，蜿蜒起伏，峻险雄伟，学员们仿佛穿越时空，感受到革命斗争的艰难和辉煌，感受到我党紧紧依靠群众的宗旨、勇于胜利的胆魄。

毛泽东同志旧居、茨坪八角楼，一根灯芯的灯光，毛泽东完成《中国的红色政权为什么能够存在？》等光辉著作。大量的照片、文献、实物和复原场景，让学员们接受革命的洗礼。

在小井红军医院，仰望师长张子清为战士献盐而自己病逝的雕塑，感人至深，触及灵魂。在小井红军无名烈士墓前，聆听那些被敌人残酷杀害的手无寸铁的英雄们的悲壮故事，学员的心灵得到净化与升华。

在拓展训练、体验式教学中，战友情、同学情得到了充分展现。为了团队荣誉，大家相互鼓励，互帮互助，共同横渡独木桥、攀岩，争抢运送80公斤以上的“伤员”……

在朱毛红军挑粮小道中，学员感慨老一辈无产阶级革命家与战士同甘共苦、同舟共济的情怀和我党创业的艰辛。学员谭昕说：“这种体验式教学，不仅让每个参与者身临其境地感悟历史，得到了实实在在的精神洗礼和意志磨炼，同时也强烈感受到了一种责任，那就是在党的领导下带领百姓走上全面小康的大道。”

红色故事　震撼心灵

在“井冈山精神代代相传”互动教学中，“井冈山精神宣讲第一人”毛秉华，老红军、中组部原副部长曾志之孙石金龙，井冈山斗争史研究专家李春祥，老红军江志华的孙女江满凤，分别用朴素的语言、真挚的情感，讲述井冈山精神指引下的动人故事，让学员们深刻体会到革命前辈的高尚灵魂。

江苏省第三期组织人事系统人员党性锻炼培训班带队负责人郃成平激动地说：“作为党的高级领导干部的曾志婉拒分离数十载的农民儿子的转商品粮请求，又淡然地安排自己的后事；家境清贫的江满凤把组织上安排的好工作让给别人，却甘心在清洁环境之余给别人唱红歌。这些细节可亲、可敬、可信，催人泪下。”

西安航天发动机厂学员王文深有感触地说：“以小才能见大，具体才能鲜活。培训突破了传统的教学模式，不是全景式地讲党史，而是把具体的人和事、点点滴滴的细节作为讲解长卷的着力点，小中见大，一叶知秋，让久远的历史鲜活起来，党的光辉历史由此入心入脑。”

每当教员朗读老红军曾志同志的遗书《生命熄灭的交代》，细细的抽泣声会在静静的课堂滚动。诵读者本人、年轻教员叶婧这时也是眼含热泪。培训中心有一支包括叶婧在内的年轻教员团队，他们大多是“80后”，放弃了城市的优越生活条件，扎根井冈山，满腔热情地投身红色培训教育事业。

叶婧表示，红色培训的魅力在于打破年龄、身份、地域界限，教员的职责不是去教化人、训导人，而是培训中的参与者、服务者，共同接受精神洗礼。“有了感动，才会有心动，才会感化，才会行动。眼泪的背后，更多的是体现学员对理想信念的重塑和升华，也点燃了我们培训中心全体教职员工的信念之灯。”

信念薪火　代代相传

“从党走过的90年风雨历程中，我们该如何坚定理想信念，做到情为民所系、权为民所用、利为民所谋？”

“如何创新社会管理，处理好新时期党群、干群关系？”

“领导干部如何做到廉洁自律、以身作则？”

……

审视自我，对正坐标。培训中，在课堂里、饭桌前、山路上，从理想到现实、从理论到实践，学员们会围绕不同的专题，展开热烈讨论。

江西干部学院负责人、博士后裴鸿卫表示，党史是革命先辈用鲜血与生命谱写的，但如果就历史讲历史，会让历史成为与现代人毫无关联的陈年往事。为此，培训中心在每一堂课上都设计了与现实对话的环节，启迪学员学以致用，让课堂上的思想感动变成今后工作上的常态激励。

学院特聘顾问、中央组织部原培训中心主任姚雪认为，随着改革开放的进一步深入，人们对红色历史的缅怀、对理想家园的呼唤和对红色精神的追寻呈愈演愈烈的发展趋势。这实际上也是推进干部理想信念教育的难得机遇。江西干部学院顺应了这一发展趋势，探索创新的培训模式注重以学员为中心，以需求为导向，培训理念与培训方法具有普适性，这种教学模式具有推广潜力，开创了省级干部培训中心的培训新路。

一次井冈行，一生井冈情。每期培训结束之际，学员不分地区和民族、不分年龄和职务，普遍感到受益匪浅、不虚此行。他们纷纷表示，要用井冈山精神来激励和鞭策自己，坚定理想信念，努力向党和人民交出一份满意的答卷。

巍巍群山目睹，江西干部学院正以这种精神打造着最有影响的理想信念教育课堂；茫茫云海见证，伟大的井冈山精神将在这里继续发扬光大。

宋　茜 2012年04月19日 14:46 来源:《江西日报》(责任编辑：常雪梅)

4. 案例教学——《井冈山斗争中的管理之道》

用管理学的思维分析井冈山斗争时期党打造红军执行力的经验教训，并结合现代管理实践，探讨井冈山斗争史在经营管理上的价值与历史启示。企业家培训，例如整合，企业要扩张了，北京、上海、广东甚至国外，怎么整合？当年井冈山大大小小的部队20多支，看看毛委员是怎么整合到一块的？企业的制度建设“三大纪律·八项注意”发源于井冈山，很简单，但管了我军几十年。现在的制度怎么设计得简单有效？组织创新，士兵委员会，企业：顶层设计+中层发力，发掘运用井冈山斗争史做好企业管理工作的案例。历史传统教育要和现代社会实践相结合，对解决现代人面临的真实问题、困难有用，才能发挥更好的教育作用。所以，开发的课程非常注意与学员实际工作生活进行对接，从方法论角度对井冈山斗争史进行挖掘，比如《井冈山斗争中的管理之道》《毛泽东与调查研究》。

图4-5 红色洗礼

《井冈山斗争中的管理之道》系列课程内容：

（1）三湾改编：打造创业精英团队

（2）荆竹山雷打石：制度贵在简明有效

（3）黄洋界保卫战：以弱胜强的经典

（4）八角楼的灯光：洞察力与创新力的源泉

（5）改造袁文才、王佐：如何整合资源

专题教学——《毛泽东与调查研究》

剖析历史案例，领略伟人睿智。

主要内容:（1）中国革命道路与社会主义建设离不开调查研究

（2）毛泽东调查研究的思想、方法及特点

（3）新时期弘扬毛泽东调查研究优良传统的现实意义

（三）师资队伍建设创新

全新的教育理念和培训模式吸引了一批革命前辈的后代加入培训队伍。组建红军后代授课团、将军讲课团，曾在井冈山战斗过的红军后代刘寅之子刘丹、何长工之子何光晔、陈士榘上将之子陈人康、李立之子何继明将军、贺敏学之女贺小平、韩伟中将之子韩京京，从北京、上海、广东等地来到学院担任义务教员，他们兢兢业业地备课，与学员一起缅怀先辈，宣讲井冈山精神。

在忘我投入的红军后代感召下，更多的人加入了这支队伍，包括井冈山当地的支教知青、武警官兵、退休干部、景区保洁员，国内知名管理干部学院领导、专家。他们的积极投入为培训工作点燃了创新的星火。

2012 年 1 月，民政部正式批准成立以学院红军后代授课团为主体的“中国中共党史人物研究会井冈红军人物研究分会”，陈毅之子陈昊苏担任会长，金一南等一批国内顶尖级的党史军史专家担任顾问。学院红军后代授课团师资库已有 300 余人。

| 典型经验 |

红军后代授课团教学纪律——三个不讲和六项注意

红军后代授课团，是江西干部学院和中共党史人物研究会井冈红军人物研究分会的一支特殊、重要的教学力量。从党的干部培训事业发展和授课团健康持续成长需要出发，依据井冈红军人物研究分会的纲领和中共中央组织部关于干部教育的各项规定，本着维护声誉，加强自律，规范授课活动，提高教学水平的原则，特制定如下教学纪律。

一、教学中的三个“不讲”

1. 不讲历史纠葛

对党的历史上因不同认识而产生的内部矛盾和斗争，及由此引发的革命前辈间的是非恩怨，不得在教学中作褒贬评论。即使涉及中央已有定论的党内斗争，也只宜从正面适当说明，讲述故事人物对党的忠诚和高贵品质，不要出现个人不当情绪的流露和宣泄。

2. 不讲中央没有定论的敏感政治问题

对中央没有定论的重大敏感问题，教学中一律不讲。对于学院和授课团备课中研究提出一些解释性、参考性的统一意见，视情况做适当引导或疏导，但注意不要引发不必要的争议和纠纷。

3. 不讲与中央宣传口径不一致的个人观点

讲课中涉及的观点和事实均应有可靠依据，并与中央宣传口径保持一致。如遇某些有争议的历史事件，也应按中央精神统一口径，不可自作主张随意评说。

二、教学中的六项注意

1. 讲好故事，不搞说教

要正确认识故事会的课程定位。我们不是要做人物传记或人物历史评价，也不是讲政治理论或专题讲座。而是要通过一个个生动、具体、感人的故事，展现革命前辈的理想信念、丰功伟绩、优秀品质、道德情操，意在用“人生坐标”启发感悟，用讲故事的方法聚焦传输老一辈的治党、治军、治国、处事的方法，切忌用大道理呆板说教。

2. 尊重历史，慎砭时弊

故事选材要以事讲人，凸显精神。授课人在叙事方法和风格上，要努力刻画出人物的行事特征和性格特点，把人物讲活。应把故事大小结合、远近结合，既有激情，又怀着深切的感情，呈现父辈的品质、情操、精神世界和心路历程，切忌贪大求全。要理论联系实际，不可在课堂上轻率针砭时弊。授课者应把握这样一个导向：在故事会这个平台上，不评论别人怎么样、社会怎么样，只用镜子对照自己，思考自己应当怎么样，留给学员充分思考的空间。

3. 朴实谦虚，平等交流

讲述人要把握好自己的角色。在语言运用上，要力倡口语化。避免书面语言，也慎用颂扬性、评语式、结论式的语句，要平实叙述，用平实叙述，用语谦和，以情感人。要让父辈的功劳业绩、感人精神，通过一些有情节、有曲折、有真情实景、有内心活动的动人故事，得到自然充分的展示，避免产生后代为父辈歌功颂德的负面效应。在教学心态上，应有别于一般教师，要把握培训催化工作的规律。讲述红色故事是与学员共同缅怀、共同学习革命前辈的过程，是双方真诚地沟通、交流、分享，让心灵净化融于其中。一定要坚持实事求是，亲切平等，不能居高临下，强加于人。

4. 相互兼顾，控制时间

故事会一般由2位或3位讲述者和主持教师共同完成。故事会的教案要整体设计，大家要有协同意识。授课前要和主持人多协调和试讲，逐步提高课堂掌控能力。不要拖堂、压堂，时间上互相兼顾。课上应注意观察学员反应，互相配合调整教学氛围、节奏，运用眼神交流或互动环节，激发学员主动学习的热情。

5. 信息反馈，头脑清醒

教学组要处理好学员信息反馈表。每个教员要主动、虚心倾听，认真思考学院领导、学员及各方面对教学的反映和意见，从中了解真实的课堂效果，知道课好在什么地方，不足和问题在哪里。尤其是要及时发现自己以及其他授课团成员的课存在的问题和不足，以便及时改进提高。要力戒盲目自满，故步自封。

6. 发扬传统，维护品牌

红军后代授课团是一支有特定社会背景的教学团队。讲课不仅是个人行为，更是团队行为、组织行为。必须强化团队意识和品牌意识。每位授课团成员对自己的政治姿态和可能的社会影响要有恰当的、正确的认识和把握。要认真落实集体备课、试讲、评审制度，自觉遵守各项管理规定和要求，努力提升团队课程品牌的质量和影响力。

（四）红色培训带动井冈山红色旅游兴旺

井冈山红色培训发展很快，江西干部学院办班呈现井喷现象，得益于井冈山红绿相映生辉、得天独厚的地理与历史资源条件。红色培训关键在于内容真，井冈山红色培训的主题是理想信念教育，一定要让人真信。讲真实的历史，正确的历史，细节的历史，如黄洋界保卫战，学院多方查阅文献资料，对黄洋界保卫战的胜利作了科学合理的解析，纠正了以往导游近乎神话传奇式的讲解；把真实的人请到课堂上与学员面对面，互动交流，邀请井冈山红军后代，历史见证人，事件亲历者，让历史变得真实、亲近、可接触。红色培训在于形式新：结合实际多角度挖掘，与现实生活实际相对话，采用喜闻乐见的形式，学员穿红军服参与体验，开发体验式教学、互动教学、红色故事会、红色拓展训练。

在市场经济改革日益深入，文化价值观日益多元化的现代社会，红色培训、井冈山精神适应了人们寻根、重塑理想精神家园的需求。

红色培训学员，据 2012 年统计：党政机关 45%、企业 35%、高校 10%、青少年 6%、部队 2%、宗教 1%、其他 1%，企业类培训班较大增长，较 2011 年同期增长 9%。

2012 年 10 月 24 日同时 21 个培训班运转。培训班名称：

（1）北京市第 5 期年轻处长井冈山培训班［景园大酒店］54 人

（2）北京能源投资（集团）有限公司第四期中青年干部培训班［天乐府大酒店］51 人

（3）中国运载火箭技术研究院第 30 期党员领导干部理想信念教育轮训班［天乐府大酒店］40 人

（4）中国运载火箭技术研究院第 30 期党员领导干部理想信念教育轮训班（519 厂）［生态苑］43 人

（5）中航大学 2012 年秋季职业经理人认证班［江西干部学院］44 人

（6）水利部海委直属机关 2012 年党支部书记培训班［江西干部学院］33 人

（7）吉林省社科系统理论骨干井冈山培训班［江西干部学院］49 人

（8）上海市徐汇区第十七期中青年干部培训班［江西干部学院］45 人

（9）2012 年宁波市海外领军人才 CEO 培训班［南湖宾馆］29 人

（10）郑州航院处级干部第一期井冈山党性教育培训班［八角楼农户家］41 人

（11）中共山西省委党校第 53 期中青年领导干部培训班［长城宾馆］57 人

（12）山西省太原市委党校青年领导干部井冈山培训班［江西干部学院］35 人

（13）山西太原市第五轮第十期市管领导干部轮训班［江西干部学院］32 人

（14）广州海关 2012 年副处级领导干部井冈山培训班（第一期）［翠林宾

馆］50 人

（15）深圳龙岗布吉组织部街道干部井冈山培训班（第二期）［长城宾馆］38 人

（16）深圳龙岗布吉组织部街道干部井冈山培训班（第三期）［生态苑］39 人

（17）深圳市龙岗区规划土地监察系统干部党性修养提升高级研修班［生态苑］33 人

（18）汕头市第 30 期中青班暨“锤炼坚强党性培训工程”第 12 期培训班［江西干部学院］50 人

（19）惠州市大亚湾区第三期中青年干部井冈山培训班［江轩宾馆］44 人

（20）红塔集团玉溪卷烟厂优秀员工井冈山红色主题培训班［江西干部学院］40 人

（21）华能集团江西分公司政工干部井冈山培训班［江西干部学院］30 人

2008 年至 2012 年 10 月，学院承办培训班 1445 期，广西、福建、厦门党校、中国青年政治学院师资培训班，红军后代井冈行（革命家第三代培训班）、大学生村官培训班、新生代企业家培训班、青少年培训班、藏传佛教、南传佛教培训班、伊斯兰教培训班、领导干部培训班以处级干部为主体（包括部分厅局级干部和科级干部，一般党员干部）、后备干部、妇女干部、组织人事处长、企业家培训班等，培训学员 66052 人。理想信念教育培训规模跃居国内前茅。红色培训对当地经济、社会文化发展带动作用非常明显，井冈山红色培训模式在其他革命老区也可以移植推广。

红色培训是利党、利国、利民的好事，党和政府一贯重视，一定大有可为。江西是个红色资源非常丰富的地区，井冈山斗争与江西其他地方如南昌、瑞金、萍乡等地密切相连，不可截然分开。江西干部学院拟在瑞金、萍乡等地筹建分院，利用各地组织系统的力量，组建分院将瑞金、兴国、萍乡、三湾等地的红色资源整合起来。进一步整合省内红色培训资源，做大做强江西红色培训产业。红色培训产业还处于发展的初期，今后进一步总结经验，从中凝练红色培训标准，建立行业规范，推动红色培训产业科学、健康有序发展。

未来的井冈山培训：（1）培训机构整合各种资源给培训单位提供全景式解

决方案。以井冈山理想信念教育为基础的精神培训、企业文化建设集成方案，引入国内顶级培训机构、顶级咨询机构（国内顶级咨询机构 + 一年 3 万人的培训规模）。（2）充分运用现代教育技术。未来现代科技的发展甚至可能会以现在不可想象的方式颠覆现有的培训模式，出现疑难问题，用 iPad 扫描二维码现代信息技术做支撑，马上解决，成千上万的微博连线互动现场。（3）会员制。把学员变成会员。（4）红色培训影响力不仅仅在课堂，还在于学员离开井冈山之后，培训后的延续。（5）民营大企业培训，引进外部资本和管理，组建专业化、股份制的学院（民营企业理想信念教育专业培训机构）打造一个国有企业、民营企业理想信念教育的互通平台，成为一个平台级的红色培训机构。（6）借助中信平台，打造一个中国的金融培训中心，利用红色资源的课程开发做好配套服务。

三、青少年基地量身打造青少年革命传统教育的新模式

全国青少年井冈山革命传统教育基地，旨在充分利用井冈山及其周边丰富独特的革命传统教育资源，帮助青少年深入了解井冈山革命斗争的光荣历史、感悟井冈山精神、传承党的优良传统和作风，促进青少年健康成长，为党的事业培养合格建设者和可靠接班人。基地位于井冈山核心景区，2010 年 7 月开工建设，2012 年 7 月建成并投入使用，建筑主体和内部装修风格都以“传承历史，开创未来”为主线。基地占地 75 亩，建筑面积 4.4 万平方米，拥有综合楼、学员楼、学员餐厅、专家楼共 4 栋单体建筑，可容纳 1600 余人同期培训，是目前井冈山地区接待能力最大的培训单位。

定位：青年马克思主义者成长的摇篮

培养优秀青年人才的阵地

传播、弘扬井冈山精神的窗口

开展国内外青少年培训、交流与合作的平台

使命：让信仰点亮人生

校训：传承历史、坚定信仰，追求卓越、开创未来

价值观：专业、特色、创新、一流

A. 资源独特

1. 根据中央要求建立的，共青团中央主管的唯一一家对青少年革命传统教育的全国性培训机构。

2. 中央文明办、教育部、中共江西省委、中央组织部干部教育司、财政部行政政法司等单位大力支持。

3. 遍布全国各地的支持单位和合作伙伴。

4. 位于中国革命的摇篮井冈山，教育资源丰富。

B. 理念先进

1. 把革命传统教育与关注人的全面发展有机结合，模块式提升青年素养。

2. 全新体验式教育模式，真正做到思想性、政治性、教育性和参与性、体验性、趣味性相结合。

3. 把“大精神”转化为“小故事”。

4. 建立平等和谐的教学、学学关系、自由讨论、相互启发、共同成长。

5. 开设各种形式的训练营，针对不同年龄段、不同职业青少年开展差异化培训。

C. 内容丰富

1. 革命传统教育、基本国情教育。

2. 党性教育、作风锤炼。

3. 价值观培养、社会责任感培养。

4. 领导力培养、团队合作意识培养。

5. 社会认知、自我认知、作为习惯培养。

D. 手段科学

1. 过程循序渐进，强调学员知、情、意的逐步叠加。

2. 既有必要的课堂讲授、理论灌输，更有现场教学、叙事访谈、情景模拟、仪式教育、素质拓展、影音教学等体验教育手段。

3. 与专业机构合作，把红色教育融入素质拓展中。

4. 借助新媒体，实现网下与网上教育的良好行为习惯和自我控制能力。

E. 定位公益

1. 以公益为主的培训机构，收费低廉。

2. 每年对一定数量的青少年实行免费培训。

3. 与社会机构开展公益合作。

培训课程

面对当代青少年思想观念、价值取向日趋多元、多变的特点，如何用好井冈山丰富的教育资源，使革命传统教育更具有针对性、实效性，更具有吸引力。在前期研究、教学实践中，综合运用教育学、心理学、历史学、管理学、青年学等学科知识，创设了全程体验式的教学模式，关注学员的情感体验，注重学员的自主学习和感悟，强调学员知、情、意的逐步叠加，努力探索思想性、政治性、教育性和参与性、体验性、趣味性相结合，既有历史感又有时代性的教育模式。同时，在保障完成调训任务的前提下，充分开发培训潜力，按照市场化规律放开经营，积极争取各级党校、团校的延展培训项目，与各类社会培训机构、大型旅行社、知名旅游类网站、青年驴友会、车友会以及社会公益机构等开展战略合作，根据市场需求开发品牌培训项目，联合策划、举办各类主题旅游活动。充分利用基地的住宿、餐饮资源，结合当下流行的快捷酒店和青年旅舍概念提供食宿旅游服务，吸引更多游客入住基地。

（一）在功能定位上，注重发挥自身特色与优势，凸显“青少年”和“革命传统教育”两大独特视角

一是强调延伸性。井冈山的教育资源是鲜活的、立体的、直观的、有说服力的。我们立足与国内若干高校、中学建立长期紧密的合作关系，使基地成为学校开展实践性教学的固定场所，把青少年思想政治教育的平台延展到井冈山，使青少年在课本上、课堂上学到的历史与理论知识，在生动的场景中得到深化，增强学校思想政治教育的有效性。二是注重互补性。重点用好井冈山的红色资源，强化理想信念教育、作风锤炼，从而与强调业务知识、通用能力培训的其他培训机构，形成内容上的互补，构建更加完备的青少年能力素质社会化培养体系。三是突出差异性。作为目前井冈山上唯一一家以青少年冠名的国家级培训机构，将从更加专业的视角，直接面向青少年群体、遵循青少年认知特点和成长规律开发有针对性的课程、教材和活动，打造青年马克思主义者成长的摇篮。

现场教学——在别样课堂中重温历史

利用井冈山丰富的教育资源，将革命遗迹旧址和展示现场转化为教学课堂，一个点突出一个教学主题。在教学实践中，将历史事件与人物凝练成一个个鲜活生动、印象深刻的“小故事”，并组织学员观赏实物演示、图片资料、音像制品、文学作品等，帮助他们直观、形象地了解革命史实，引导他们以亲临现场、亲身体验的方式触摸历史、感悟历史，自觉探寻中国革命传统的丰富内涵。

专题讲座——在认真聆听中启迪思想

在开设井冈山革命斗争史、井冈山精神解读等传统讲座的基础上，坚持以培训对象需求为导向，打造全方位、多层次、宽领域的精品讲座课程。依托全国各地的支持单位和合作伙伴，聘请国内外专家学者、政府官员、模范人物、青年偶像担任兼职教授，讲座内容涵盖政治、经济、文化、社会、外交、国防等各个领域，充分满足了不同年龄、不同行业、不同区域、不同层次的青少年培训需求。在这里，你可以听到最感人的革命历史故事、最前沿的理论学术观点、最全面的中央政策解读、最深入的业务提升知识，在聆听中升华感悟，启迪思想。

学员管理——在严于律己中锤炼作风

注意采用基地协调管理与学员自主管理相结合的方式，强化学员生活自理、人格独立的意识与能力。制定学员守则，明确参加培训时的“三大纪律、八项注意”。实行半军事化管理，设置军事训练课程，采取规定作息、早起晨练、内务整理、集体用餐、集中教学、抽查点阅等方式，克服懈怠、懒散现象，传承艰苦奋斗的优良作风，打造健康向上、严肃活泼的优良学风。

（二）在课程设计上，努力挖掘井冈山精神的时代内涵，建立分类别、开放性的产品供给体系

独具特色、富有成效的教学产品，是培训机构的核心竞争力。在充分学习借鉴中国井冈山干部学院、江西干部学院现有精品课程的基础上，设计了面向不同年龄段、不同职业青少年的教学产品。一是因材施教。抓住对青少年来讲“最重要的任务是帮助他们深刻地理解中国共产党、坚定跟党走中国特色社会主义道路的理想信念”这一根本，既进行党史教育，也开展基本国

情教育、引导他们进行正确的社会观察。我们开发了“红军的一天”情景模拟课程，让学员既体验革命道路的艰辛曲折，又通过与农民同吃同住同劳动的方式，从根本上把握党与广大群众保持血肉联系的精神品格，也有机会了解农村现状，理解科学发展的重要含义。二是因需施教。根据选派单位的个性化需求，制订不同的教学培训计划，开展量身定做式的教学培训。比如，针对团干部，除了理想信念、优良作风教育外，还把当年党在井冈山时期的丰富实践与当前团内重点工作结合起来开发业务能力提升课程；针对企业青年，从井冈山精神中挖掘出信仰、团队、创新等元素，培养员工的团队意识，传递和谐上进、勇于创新的企业文化。三是因势施教。紧跟时代步伐，以当代青年的视角重新解读革命传统，针对当代青年成长发展的困惑，把继承革命传统和实现个人价值、争取社会作为结合起来，帮助青年寻找自己的精神家园。

1. 基本现场教学点

（1）井冈山革命博物馆（主题：井冈山革命斗争史概述）；

（2）小井红军医院（主题：一个革命的幸存者——学习曾志同志忠于理想的崇高品质）；

（3）小井红军烈士墓（主题：信仰比生命更贵重——从烈士遗书看共产党人的信仰）；

（4）大井朱毛旧居（主题：学习毛泽东同志坚持学习的精神）；

（5）茅坪八角楼（主题：理论的光辉与力量）；

（6）茨坪毛泽东旧居（主题：井冈山斗争时期经济封锁以及军民的艰苦生活）；

（7）黄洋界保卫战旧址（主题：弘扬井冈山斗争时期军民团结合作、勇于胜利的精神）；

（8）朱毛会师纪念馆（主题：团结合作是事业成功的保证）；

（9）龙江书院（主题：关于学习型组织建设）；

（10）荆竹山雷打石（主题：铁的纪律是事业成功的保证）；

（11）行洲红军标语遗址（主题：从井冈山斗争时期的标语、漫画看群众动员）；

（12）中国红军第四军军部旧址、中国红军第四军军官教导队旧址、步云山红军练兵场……。

2. 延伸现场教学点

（1）八一南昌起义纪念馆；

（2）九江共青城；

（3）瑞金中华苏维埃临时中央政府旧址群；

（4）三湾改编旧址群；

（5）小平小道纪念馆；

（6）方志敏烈士纪念馆；

（7）文天祥纪念馆；

（8）兴国苏区干部好作风陈列馆；

（9）安源铁路工人运动旧址和纪念馆；

（10）铜鼓秋收起义纪念馆；

（11）上饶集中营旧址群。

（三）在培训方式上，强调尊重青少年主体地位，使革命传统教育更具有亲和力吸引力

一是引入朋辈教育的理念。通过综合运用家具、色彩、墙绘、手工等因素，打造了5个风格各异、深受青年欢迎的分享教室，倡导“我的活动我做主”，由学员自主设计每天晚上的分享会，让我们在完全平等、轻松友好的环境中交流讨论、相互启发。

朋辈教育——在认真聆听中启迪思想

尊重青少年的群体感受与自主学习意愿，科学运用现代朋辈教育理论努力营造自主学习、相互启发、共同进步的良好氛围，变“灌输式”教学为互动式、参与式教学。招募一批西部计划志愿者做带班教学老师，利用他们和学员年龄相仿、经历相似、情意相通的特点，用青少年能接受的语言、逻辑和形式开展教学。组织学员自主开展“党史我来讲”汇报演出、“青春·信仰”主题演讲比赛、学予讲坛、微博互动等活动，引导他们用自己喜欢的青春、感性、时尚方式、交流、学习、阐释党的历史。

二是引入体验教育的理念。引导学员通过“亲眼见、亲耳听、亲手做、

亲自讲”的方式全程体验红军当年在井冈山的艰苦生活和卓绝斗争，让学员在体验中获得感悟。

情景模拟——在角色体验中传承价值

顺应青少年喜欢置换场景、模拟角色、幻想穿越的特点，创设当年红色生活与战斗的场景，开展“红军的一天”品牌教学活动，强化学员身临其境的身心感受。在角色外形上，要求学员身穿红军服、头戴红军帽、肩负红军装备；在场景设计上，既有突破敌人军事封锁的障碍行军，也有模仿红军突破经济封锁的重走挑粮、运盐小道；在角色任务中，要求学员学会捆稻草、做担架、包伤口、抬伤员、入户调查和帮老乡干农活、烹饪红军餐等。通过多情景的角色模拟训练，让广大学员体验革命道路的曲折艰辛，感受军民同甘共苦的深厚情谊，帮助他们在无限反思中传承宝贵的红军精神。

三是引入快乐教育的理念。寓教于游、寓教于乐。“多讲小故事，少讲大道理”，让学员在做游戏、唱红歌、看漫画的愉悦心情中接受教育，避免了硬生生“将苦瓜种子种进甜瓜里”的“苦难教育”方式。

团队游戏——在趣味参与中收获成长

深入挖掘井冈山革命斗争时期的历史元素，结合青少年活跃好动、富有激情、勇于进取的特点，精心设计一系列参与性、趣味性强的游戏。红军人物猜猜猜、党史知识大冲关等游戏帮助学员强化白天学到的党史知识，“三湾改编”、“红军运动会”、学编草鞋等反映红军生活、斗争场景的团队游戏，增强学员的责任感、合作意识和情感体验，既放松了身心，又收获了成长。

四是引入仪式教育的理念。开发了“井冈英烈祭奠仪式”课程，让学员在浓厚的仪式氛围中受到冲击和震撼，零距离地感受到革命志士的大无畏牺牲精神和爱国情怀，实现和革命先烈的心灵对话。

仪式教育——在缅怀先烈中触碰信仰

注重仪式教育的独特作用，举行庄严肃穆的“井冈英烈祭奠仪式”。通过组织学员在烈士陵园敬献花圈、默哀、聆听“为主义”而牺牲的革命故事、重温入党（团）誓词、升国旗唱国歌等方式，让学员在浓厚的仪式氛围中，零距离地感受到革命志士的大无畏精神和爱国情怀，使他们得到身临其境的心理体验和深入灵魂的情感熏陶，实现广大学员与革命先烈的心灵对话，升华对党和国家的情感。

四、中信企业搭建红色培训新平台

井冈山（梨坪）国际会议中心，整体开发面积和茨坪城区面积相当，是一个集会议、培训、旅游、度假于一体的综合项目，为中信“反哺”老区人民作出了有益的探索和尝试，在革命圣地的红色文化建设中发挥重要平台作用。

（一）建设中信系统员工革命传统教育基地

中信集团，在国内外树立了良好信誉与形象，取得了显著的经营业绩，已发展成为一家金融与实业并举的大型综合性跨国企业集团。2012 年在“世界 500 强”中排名第 194 位，在“中国企业效益 200 佳”排行中名列第 12 位。

中信集团用 8 年时间在梨坪投入 13 亿元，开通了隧道，进行了市政基础建设。中信井冈山国际会议中心拥有良好的硬件，在发挥国际交流舞台

图 4-6 中信黎坪国际会议中心

的同时，充分利用红色革命圣地井冈山丰富的红色资源，安排中信系统的党员和党员干部到井冈山接受革命教育，传承红色精神，坚定共产主义理想信念。

井冈山精神集中反映了党的优良传统和作风，是党和人民弥足珍贵的精神财富，是社会主义核心价值体系建设的丰厚资源。近年来，井冈山的红色培训不断创新，创造性地推出了集培训、参与、体验于一体的红色培训“井冈模式”，把再现革命情景、体验红色文化、考验自我品格、熔炼团队精神等教育融合在一起，已吸引了全国各地党政部门、企业事业单位员工，甚至民营企业员工积极参加，红色培训已形成具有中国特色的品牌效应。目前中信系统有 15.5 万名员工，结合新形势创新培训内容，针对不同年代的员工，特别是“80 后”“90 后”等没吃过苦、没挨过饿的独生子女员工，利用体验式教学模式使他们产生心灵共鸣、情感共振，并通过情感再现、互动交流，把烈士用鲜血写出来的党史，变成有血有肉的人和事讲给他们听，实现历史与现实的“对话”，使年轻的员工接受精神洗礼，提高综合素质。

（二）建设中信系统企业文化红色培训基地

中信集团创始人荣毅仁先生在创建初期就制定了公司三十二字风格，即“遵纪守法、作风正派、实事求是、开拓创新、谦虚谨慎、团结互助、勤勉奋发、雷厉风行”，经过三十多年的发展形成了以“诚信、创新、凝聚、融合、奉献、卓越”为核心价值理念的中信企业文化。建设中信系统企业文化红色培训基地，利用红色资源红色景区，井冈山精神主题教育与中信企业文化建设相结合，提高员工的凝聚力和战斗力，进一步充实中信企业文化的内涵，并发挥其在企业经营管理中的作用。

（三）建设中信系统干部员工健康养生基地

井冈山是一片红色的土地，又是一个绿色的宝库。涵盖吉安市下属十多个县（区）的庐陵文化源远流长，底蕴深厚，人杰地灵。这里的自然环境保护得非常好，经过新中国成立以来几十年的努力，现森林覆盖率超过

90%，空气清新，是一个天然氧吧，并有很好的绿色食品。春天时分，杜鹃花开，景色优美。年平均气温14℃，盛夏七月，平均气温才24℃，是避暑和养生的好地方。发挥井冈山国际会议中心功能，珍惜、感恩、传承，真诚回报社会。上井冈山既是学习之旅体验之行，也可以拓展或衍生出运动休闲，特别是为企业离退休老干部和先进员工、劳动模范创建一个健康疗养基地。井冈山国际会议中心同其他央企合作，互通有无，举办各种培训班、企业交流会议、客户联谊活动等。为开展战略合作，进行大胆探索。通过强强联合，优势互补，不断提炼，不断创新，做红色文化产业，丰富学习培训内容，更好地提供感染人、教育人、激励人的精神力量，让井冈山精神代代相传，为大力形成社会主义核心价值体系，为中华民族的伟大复兴做出贡献。

五、社会教育民间机构参与培训新模式

井冈山红色培训已形成以中国井冈山干部学院、江西干部学院、全国青少年井冈山革命传统教育基地为主体主流的红色培训，以中信集团为代表企业参与和民间社会教育机构积极介入红色培训的多层次、多类型的模式，逐步形成了政府主导帮扶，培训机构承接，国有企业参与，市场运营推动，客户需求明确的红色培训产业链。井冈山红色培训既体现了计划调训的特点，又彰显了市场调节的活力和空间。经验值得推广。

（一）国有企事业单位参与组织红色培训，成为井冈山旅游教育主渠道，保证了井冈山红色培训的健康发展方向，增强了红色旅游目的地吸引力。

见党政机关井冈山培训机构表：

党政机关井冈山培训机构目录

序号	培训机构名称	主管部门	设立依据	成立时间
1	江西干部学院（黄洋界宾馆）	省委组织部	登记注册	1995.7
2	井冈山干部教育学院，井冈山市委党校	井冈山市委	登记注册	2011
3	井冈山八角楼教师培训中心（八角楼山庄）	省教育厅	中共江西省工委 2008 年第 17 次会议决定	2009
4	国家检察官学院井冈山分院和谐苑（和谐苑）	省检察院	登记注册	2007.9
5	全国公安机关井冈精神教育基地（锦江大酒店）	省公安厅	登记注册	2005.9
6	江西省发改委培训中心（映山红宾馆）	省发改委	登记注册	2003.1
7	井冈山电力培训中心（井秀山庄）	省电力公司	登记注册	1995.5
8	井冈山星期酒店培训中心（星期酒店）	省信用联社	登记注册	2006.9
9	中国烟草井冈山传统教育基地	省烟草局	前已拆除 4 月 8 日从新开张	1999.4
10	科苑宾馆	省科技局		
11	翠湖宾馆（无培训机构名称）	省新闻出版社	登记注册	1998.1
12	江西省国有企业党的建设研究会井冈山培训基地（长青宾馆）	省粮油公司	登记注册	2002.1
13	井冈山红色培训文化有限公司（中煤宾馆）	省煤田地质局	登记注册	2002.4.8
14	江西省建设银行干部培训中心（建业宾馆）	省建设银行	登记注册	1993.6
15	吉安市邮政公司井冈山培训中心（井峰宾馆）	井冈山市邮政局	登记注册	2001
16	铁道部井冈山培训中心（圣地山庄）	南昌铁路局	登记注册	1997.7
17	江西省工商干部井冈山培训中心（翠林宾馆）	省工商局	登记注册	2005.5
18	江西省国家税务局井冈山培训中心（瑞峰宾馆）	省国税局	登记注册	1985.5

续表

序号	培训机构名称	主管部门	设立依据	成立时间
19	井冈山景泰酒店管理有限公司（景泰宾馆）	省高管局	登记注册	2008
20	江西省井冈山财政干部教育基地（南湖宾馆）	省财政厅	登记注册	2008
21	江西省税务干部井冈山培训基地（银星大酒店）	省地税局	登记注册	2008
22	江西省电视台培训基地（红歌大酒店）	省电视台	无	2008
23	井冈山大学接待培训中心（竺轩大酒店）	井冈山大学	登记注册	2011
24	工行培训中心（滴翠苑）	吉安市工行	登记注册	2003.7
25	江西省纪检监察培训中心（方竹宾馆）	省纪检	登记注册	1999.6
26	井冈山市随园宾馆	井冈山农业发展银行江西省分行	登记注册	2003
27	江西省公路路政管理总队井冈山培训中心	江西省交通稽查征费局	登记注册	1996
28	江西省总工会井冈山宾馆	全国总工会、江西省总工会、吉安地区工会办事处、井冈山市总工会	登记注册	1996
29	井冈山翠峰宾馆	江西省交通厅	登记注册	1993
30	井冈山海事培训中心（井冈山市海事宾馆）	江西省交通厅航务管理局	登记注册	2007
31	中共江西省委宣传部井冈山宣传培训中心（井冈山市江轩宾馆）	江西省委宣传部机关后勤服务中心	登记注册	2004
32	井冈山市金融宾馆	中国人民银行江西省分行	登记注册	1997
33	景园大酒店	省地矿局		
34	国家统计局井冈山全国统计干部革命传统教育基地	江西省统计局	登记注册	2001
35	人民法院井冈山传统教育基地	吉安市人民法院	登记注册	1993
36	井冈山楠竹山庄	国家安全部	登记注册	1999

续表

序号	培训机构名称	主管部门	设立依据	成立时间
37	长城宾馆	南京军区		
38	井冈山市茨坪生态苑	江西省森林防火预警中心	登记注册	2009
39	红杉树假日酒店	省共青团		
40	井冈山农发行党校	省农发行	无	2004.1
41	金盾宾馆	吉安武警支队	无	1992
42	井冈山宾馆	井冈山旅游发展股份有限公司		
43	迎宾馆	管理局		
44	井冈山大酒店	井冈山旅游发展股份有限公司		
45	中银宾馆	省中国银行		
46	中国井冈山干部学院	中组部	无	
47	全国青少年培训基地	团中央	无	

（二）民间社会教育培训机构参与运营红色培训，丰富拓展了井冈山红色旅游客源市场，增强了红色旅游产业化的推动力。

据调研时统计，井冈山注册的民间社会培训机构共 48 家：

1. 江西省红色文化研究会井冈山培训中心；2. 井冈山市厦坪松振技能培训中心；3. 井冈山市红色时代文化培训中心；4. 井冈山市井冈情怀培训中心；5. 井冈山市东方智略培训服务有限公司；6. 井冈山市火种拓展培训服务有限公司；7. 井冈山市摇篮文化培训中心；8. 井冈山时代光华教育培训有限公司；9. 井冈山精神研究中心；10. 井冈山市湘赣苏区红色文化培训中心有限公司；11. 井冈山市红色航向拓展培训有限公司；12. 井冈山市时代红色旅游产品有限公司；13. 井冈山市红色之旅会务接待有限公司；14. 井冈山红色文化研究院有限公司；15. 井冈山市红色旅游精品有限公司；16. 井冈山市井冈之星红色文化研究院有限公司；17. 井冈山市中青年干部红色教育培训中心；18. 井冈山市红色文化传播有限公司；19. 井冈山市山源文化有限公司；20. 井冈山市红色信念培训中心；21. 井冈山市坚定信念培训中心；22. 井冈山

市红烛文化培训服务中心；23. 井冈山市菁英干部培训基地；24. 井冈山市红色大本营户外运动有限公司；25. 井冈山市元亨文化有限公司；26. 井冈山市红色文化拓展训练大本营有限责任公司；27. 井冈山优良传统干部培训中心；28. 井冈山市诚盛商务服务有限公司；29. 井冈山市瀚泽酒店管理有限公司；30. 井冈山市根据地红色文化培训基地；31. 井冈山市茨坪燎原拓展培训中心；32. 井冈山市茨坪红艺户外拓展中心；33. 井冈山市茨坪星火干部教育培训中心；34. 井冈山市红色文化培训中心；35. 井冈山青年干部培训基地有限公司；36. 井冈山大井青少年培训基地有限公司；37. 井冈山市胜利起点培训中心；38. 井冈山市红色摇篮管理培训中心；39. 井冈山市青年干部培训中心；40. 井冈山市红色足迹拓展培训有限公司；41. 井冈山市中青年干部红色教育培训中心；42. 井冈山市中泰来红色教育培训基地；43. 井冈山市理想信念教育培训中心有限公司；44. 井冈山市复兴之路文化培训中心有限公司；45. 井冈山市红色大本营培训中心；46. 井冈山市红史文化培训中心；47. 井冈山市开拓精神干部培训中心；48. 井冈山市红土地干部培训中心。

（三）加强和规范井冈山红色培训机构运行管理

井冈山自倡导红色培训这一品牌以来，为井冈山加强对外宣传、丰富旅游产品和提升旅游业发展起到了积极有益的作用。据统计，目前，井冈山红色培训机构有各层级党校设立和民间运作的 37 家，因部分红色培训机构人员素质不高，管理程序和培训内容不规范，扰乱旅游市场管理秩序，损害井冈山旅游形象等行为时有发生，具体表现在如下几个方面：

（1）培训机构准入条件不明确。缺乏常规审核机制，各机构办班场所、师资力量、教学内容等方面设有规范要求。许多培训机构不具有基本条件便随意创办或挂靠，成泛滥之势。

（2）培训机构教学培训内容不规范。因没有统一的制度和规定，一些培训机构教学内容胡编乱造，简单模仿或跟风，有的甚至出现欺客、宰客等情况。

（3）培训机构管理主体不明确。一些培训机构单一追逐经济利益，聘任老师不具备资质，安排行程以参观景点，有意不买大门票和观光车票，严重扰乱门票管理秩序。

针对以上现象，就进一步加强管理、规范服务、提升形象，提出：

（1）成立由旅游管理处牵头，政治处、博物馆、门票管理处等单位组成的井冈山红色培训工作领导小组，以规范和强化对红色培训工作的日常管理。

（2）实行红色培训审批准入制。红色培训机构运行前必须经井冈山红色培训工作领导小组审批并取得办班资格证后方可承接培训，审批内容主要围绕机构的教学场所、师资力量、教学内容进行，不具备条件的坚决不予审批发证。

（3）加强常态检查和管理。主要是对培训内容和教学效果等进行监管，制定并出台管理制度，红色培训机构与旅游主管部门签订管理协议，要求其作出书面承诺，出现违规进行严厉处罚，情节严重的取消其办班资格。

（4）严格控制办理景区通行卡。一是从严规范对需进入景区（点）教学的带班老师景区通行卡的办理程序，要求办班人员应具备导游资格证和培训机构带班老师资格证明，并经井冈山红色培训工作领导小组审定后方可办理；二是由门票管理处牵头，根据培训机构办班核定带班教员人数，并按物价部门批复标准收取办卡费用；三是门票管理处对使用通行卡作出具体规定，并与每位持卡人签订协议，既确保持卡人使用顺畅，又做到规范有序，不出现违规行为。

| 典型案例 |

红色吸引人　绿色留住人
——井冈山红色培训的红绿模式吸引众多“回头客”

在井冈山，申请参加红色培训的学员范围非常广泛，除了全国各地的党政干部、企业干部、高校干部、社会团体干部外，还有大学生村官、中小学生、红军后代、“富二代”等青少年，“回头客”特别多是井冈山红色培训的一大特色。井冈山凭借拥有的一“红”一“绿”两件宝，通过课程创新，让学员在培训中感受真人、真事、真情。同时，井冈山更在思索着如何在红色故事中行走做大培训蛋糕。

一“红”一“绿”两件宝

“井冈山红色培训之所以能如此吸引人，是因为井冈山有一‘红’一‘绿’两件宝，通过课程创新体现，学员可以在培训中感受真人、真事、真情。”吉安市委党校副校长谢耕感叹。

对于井冈山的美景，毛泽东在《水调歌头·重上井冈山》里曾有这样的描写：“久有凌云志，重上井冈山。千里来寻故地，旧貌变新颜。到处莺歌燕舞，更有潺潺流水，高路云端。”郭沫若也曾留下“井冈山下后，万岭不思游”的赞叹。

与别的红色景点不同，井冈山不仅“历史红”，而且“山林好”，这里地势雄伟，山幽壑深，连绵五百里的奇峰峻岭中植被浓密，古木参天。井冈山的绿，在于生态完好，自然天成。而历时2年零4个月的井冈山革命斗争史，为井冈山留下了宝贵的精神财富。

迄今为止，井冈山有保存完好的革命旧居旧址100多处，这些革命历史遗址在陶冶情操、振奋精神、繁荣红色文化、发展红色旅游中起着十分重要的作用。参加红色培训的学员，可以在这独特的红色历史和绿色的生态山林中寻找人生不同的感悟。

“井冈山依靠红绿资源，走出一条符合井冈特色的红色培训路子。”谢耕说。井冈山的红色培训通过现场教学、访谈式教学、体验式教学等多种方式，真正走出一条群众路线。创新不仅体现在红色培训的课程设置，而且也表现在每一处细节上，如吉安市委党校的红色培训将井冈山精神的24个字用肢体语言表现：坚定信念是单拳放在头侧，那是在党旗下宣誓的姿势；艰苦奋斗则为双手握拳，实事求是是双手伸展开来，左手左脚向前表示敢创新路，学员手挽手是依靠群众，伸开双手拥抱未来告诉我们要勇于胜利。

井冈山红色培训让学员们走进历史，走进历史人物的内心，坚定理想信念。又走出历史，让历史与现实对接，让所学习的有传承的可行性、必要性，并掌握在现实工作和生活中的运用方法。正因如此，井冈山红色培训的“回头班”特别多，中国运载火箭技术研究院要求三年培训其2900余人，中航工业一下设了几个班，平时见不到的同事在井冈山相见，9月初北京地铁公司到井冈山的培训已是第9批……

由于火热，井冈山红色培训没有专门对外营销，依靠特色打动人的口碑相传。

在红色故事中行走做大蛋糕

近年来，经过不断探索，井冈山发展并深化了以红色为内容的多形式的、互动的、拓展的培训模式。在这种红色培训模式的带领下，井冈山红色培训产业呈蓬勃发展之势，已成为井冈山旅游不可或缺的组成部分。井冈山挑粮小道更载入《以胡锦涛同志为总书记的党中央2011年治国理政纪实》，这是对“井冈模式”红色培训的高度评价和肯定，井冈山也以此为契机，充分利用井冈山丰富独特的党性教育资源，精心实施红色培训项目建设，使井冈山红色培训领跑全国红色旅游。

秉承了井冈山精神的井冈山红色培训永远都在敢创新路，其服务意识的创新也领跑于全国。江西干部学院教员叶婧刚到学院时被分配在餐厅和客房做服务员。“服务意识是培训的基础，后勤服务是培训的延续”，学院开放式的培训理念，很快在她的身上得到体现，她不仅成为优秀的服务员，也成长为了一名合格的教员。“在江西干部学院，不论是司机、服务员，还是其他人员，都能制作PPT，都会剪辑制作视频。”学习机制、业务考核机制、进修奖励机制激励着该学院工作人员正朝“一专多能”迈进，也激发很多教员放弃了城市的优裕生活条件、放弃成为国家公务员的机会，扎根井冈山，献身红色培训。井冈山红色文化研究院的培训团队很多从上海、广东、浙江而来，不断拓展服务的内涵。

井冈山人在创造性地开拓了红色培训后，又开始思考如何进一步在红色故事中行走做大红色培训蛋糕。他们在不断充实培训内容，对课程进一步提升、创新，他们相信会有更多的人走上井冈山，成为红色培训的学员，也相信在未来，红色培训会更加国际化、大众化。因为，在井冈山精神中可以找到发展的方向、发展的方法、发展的动力。

典型经验

红色培训助推井冈山旅游产业发展

在革命圣地井冈山，活跃着这样一支“红色授课团”，他们虽不是专业的授课老师，却以自己的真实经历感动和教育着一批又一批学员；虽已年过花甲，他们仍然孜孜不倦，将历史和现实对接，将“精神”和“信仰”传承。

这支“红军后代授课团”多数由井冈山革命后代组成，他们分别是朱德的外孙刘建、黄克诚大将之女黄楠、赵尔陆上将之女赵珈珈、曾志之孙石金龙等，这60多位曾经在井冈山战斗过的红军后代从北京、上海、广东、湖南等地轮流来到井冈山江西干部学院担任义务教员。

“死后不开追悼会，遗体送医院解剖，有用的留下，没有用的火化；我想，这样做，才真正做到节约不铺张……”当教员声情并茂地念出老红军曾志的遗书时，在场的学员无不潸然泪下。

“父亲很少穿上将军服。起先，我也不太理解父亲的这一做法。后来，他对我说，为了革命的胜利，牺牲了千千万万的战友、同志们……”赵珈珈教员的讲述让赵尔陆上将的形象在学员的脑海中愈加丰满起来，鲜活起来。

“红军后代讲红军，没有高深的理论，不讲空话套话，这些是最能打动人的。通过学习，对于我们党的历史有一个新的认识，心灵上深深震撼。”采访中，来自云南红塔集团的学员如是告诉记者。

自1995年成立以来，江西干部学院不断致力于挖掘和整合井冈山革命传统资源，2008年以来，围绕“井冈山精神代代相传”的核心命题，学院相继开发出一系列特色教学课程，既有井冈山斗争史、理想信念教育等方面的专题教学，又有体验红军战斗、生活的红色拓展训练，还有红军后代讲述先辈的故事会、红歌会等。学院的教师包括井冈山历史研究专家和有关院校、党校的专家者，“红军后代授课团”，还有新一代井冈山精神的传承者。

近年，井冈山已形成以中国井冈山干部学院、江西干部学院、省委党校井冈山分校、井冈山市委党校为主线，各中央部委和部队井冈山培训点为分线，各拓展培训中心为集中地的拓展培训网络。开设专题教学、现场教学、音像教学、情景教学、互动教学、激情教学等系列课程。耳目一新的教育培训模式，得到党政机关、大型国企的充分肯定，受到广大游客的追寻，让井冈山红色课堂迸发“井喷”现象。如今，当你漫步在革命圣地井冈山，身着红军服、肩挎粮袋、背土枪接受体验式教学的学员随处可见。吃一顿红军餐、唱一首红军歌、走一趟红军路、读一本红军书、听一堂传统课、扫一次烈士墓，成为广大游客的“必修课”。

在井冈山，依托中国井冈山干部学院、江西干部学院、全国青少年井冈山革命传统教育基地和全国各级机关在井冈山设立的培训基地，创造性地推出了集培训、参与、体验、红色拓展训练为一体的红色培训模式，通过开展“走一小段红军小路，听一堂传统教育，向革命先烈献一束花，吃一顿红军套餐，看一场红色歌舞，学唱一首红军歌谣”等活动，把再现革命情景、体验红色文化、考验自我品格、熔炼团队精神等教育内容融合在一起，增强了培训教育的时代感和感召力，吸引了全国各地、各行业、各阶层的赏干部、军人、企事业单位职工涌入井冈山开展红色培训。

据统计，2011年来已有全国34个省、自治区、直辖市的游客及党员干部来到井冈山开展红色培训活动，最高峰时每天有近100个班、上万人在井冈山开展传统教育、会议培训活动，井冈山的红色培训已成为坚定广大党员干部理想信念的大课堂，成为提升国民素质的大本营。尤其在2011年建党90周年，来山游客出现“井喷”现象，旅游市场异常火爆，全年共接待来山游客671.08万人次，实现旅游总收入49.36亿元，同比分别增长47.94%和48.52%，门票收入实现翻番，迈上2亿元台阶，有效促进了井冈山社会经济各项事业快速发展。

“走一段红军小路，听一堂传统教育课，向革命先烈献一束花，吃一顿红军套餐，看一场红色歌舞，学唱一首红军歌谣。”近年来，在革命圣地井冈山，你随时可以看到身着红军服参加培训的学员，在红色培训的引领下，井冈山旅游产业取得了蓬勃发展。

历时2年零4个月的井冈山革命斗争史，为井冈山留下了宝贵的精神财富。迄今为止，井冈山有保存完好的革命旧居旧址100余处，这些革命历史遗址在陶冶情操、振奋精神、繁荣红色文化、发展红色旅游中起着十分重要的作用。

为保持红色资源的恒久魅力，让这些丰富的红色文化资源活起来。近年来，井冈山创造性地整合了红色教育和旅游资源，把再现革命情景、体验红色文化、考验自我品格和锻炼团队精神等教育内容融合在一起，形成了红色培训的“井冈模式”。干部到井冈山开展培训、旅游、观光活动。景区全年接待游客671.08万人次，同比增长47.94%。

金葡萄庄园位于泰井高速井冈山收费站附近，葡萄园开发公司总经理晏菁说，2014年公司实现销售额近1000万元，利润约300万元。井冈山红军医院旧址所在地小井村，39户人家在曾被烈士鲜血染红的土地上勤劳创业，村民或经营工艺纪念品，或开“农家乐”饭庄，全村人均收入超过8000元；如今，遍布井冈山200多家“农家乐”，家家游客爆满，生意红红火火，年均增收10万元以上。井冈山靠加工经营红色旅游产品发家致富的农民已达2000余户，开发特色“红色品牌”20多种，涌现出遍布全市城乡的土特产加工企业110多家，有30多个专业村，近万人从事“红色品牌”商品的生产。2014年，全市农民人均从“红色产业”中直接或间接获得的收入已达1200余元。

“从做接待到做产业，从门票型经济到复合型经济，井冈山旅游所经历的转变是非常深刻的。”井冈山市委书记龙波舟说，“我们要持之以恒做大旅游，不断创新做好旅游，加速形成以井冈山为龙头、融入周边县区共同发展的大井冈旅游圈。”

第五章 红色旅游一体化
——大井冈旅游融合发展格局

红色旅游走过了十年的发展历程，吉安、井冈山市委、市政府充分认识到旅游业资源消耗低、带动系数大、综合效益好的特性，把发展旅游经济摆在十分重要的位置，将旅游业作为绿色发展的重要支撑产业和转型升级的先导产业。按照江西省吉安市“红色引领、绿古辉映、产业制胜、景城联动”的要求，构建以井冈山市为龙头，以永新县、遂川县为两翼，以青原区东固革命根据地为集散地的环井冈红色旅游一体化发展格局。围绕旅游规划一体化、基础设施一体化、旅游交通一体化、旅游线路一体化、宣传营销一体化和管理服务一体化，重点推进井冈山、永新、遂川红色旅游一体化进程，实现“四个转型”，即从一山独大向山上山下联动转型；从红色一枝独秀向红绿古相融合转型；从观光型产品向复合型产品结构转型；从门票经济向旅游综合收入转型。推动井冈山红色旅游大转型大发展，把井冈山、永新、遂川、青原建设成为全国领先的红色旅游目的地、红色旅游示范区，实现把井冈山建成中国红色旅游中心的目标，并使之走在中国红色旅游发展的最前列。

一、大井冈旅游融合发展构建

（一）综合协调，创新旅游发展体制机制

在领导力量上，一是吉安市委、市政府成立推进井冈山市、永新县、遂川县红色旅游一体化工作领导小组，领导小组下设规划编制组、项目申

报组、旅游交通组、营销监管组、综合协调组，吉安市委常委担任组长。为加快推进大井冈旅游融合发展，专门成立吉安市旅游发展推进工作委员会，设立武功山景区管委会和青原山景区管委会，全力推进武功山和青原山景区旅游开发，并建立红色旅游一体化联席会议制度。二是井冈山管理局、井冈山市委、市政府，永新县委、县政府，遂川县委、县政府均成立推进井冈山红色旅游一体化工作领导小组，领导小组下设规划编制组、项目申报组、旅游交通组、营销监管组、综合协调组，井冈山市委书记、永新县、遂川县委书记均担任组长。三是湘东赣西两省六县（井冈山、永新、遂川、莲花、炎陵、茶陵），设立井冈山革命根据地“红色旅游发展合作联盟秘书处”，秘书处成员由六县旅游局局长组成，负责秘书处日常工作，制订“阶段行动计划”，落实六县红色旅游联盟年会和协调会议的各项工作。在政策支持上，吉安市委、市政府出台了《关于加快旅游产业发展的实施意见》《关于深化旅游体制机制改革创新 推进旅游强市建设的意见》，设立了旅游发展专项资金，从用地、金融、税费和奖励等方面对旅游产业发展予以重点扶持；在推进机制上，加大对各县（市、区）旅游业发展的考核力度，对井冈山市、青原区、安福县等旅游重点县（市、区）实行差异考核；在推进实施上，深入推进国家旅游扶贫试验区创建工作，2013 年开始，开展旅游业发展三年具体行动计划，仅 2013 年就实施旅游项目 54 个，有力地推动了旅游产业的发展。

（二）规划引领，注重旅游科学适度有序开发

对祖先和大自然留给吉安的青山秀水，对庐陵先贤和革命先辈创造的庐陵文化和红色文化。在充分依托这些丰富资源发展旅游的过程中，始终坚持规划先行的理念，先规划后开发，注重科学、有序、适度开发，注重处理好开发与保护的关系，严格划定保护区、限制开发区、适度建设区和核心景区。近年来，先后编制了吉安市国家旅游扶贫试验区规划、旅游发展总体规划、红色旅游发展专题规划以及全市 13 个县（市、区）旅游总体规划和 60 个重点旅游景区发展详规，形成了全市“三级”旅游规划体系。市、县每个景区都聘请了较高资质的旅游规划专业团队进行规划，主要领导、分管领导亲自

参与并严格把关，形成了领导者和专业工作者、文化工作者“三位一体”参与搞规划的机制，并且所有规划都由政府监督实施。在具体项目开发中，坚持“规划引领、适度适宜，道法自然、减少干预，坚守品质、打造精品，可持续发展”的原则，不搞过度开发建设，不搞简单资源出让，尽量使每一个景区景点都成为精品和经典，负责任地为老百姓、为吉安保住可贵的资源，努力实现旅游资源的永续利用和旅游产业的可持续发展。

（三）整体推进，突出重点景区的开发联动

在旅游开发中，坚持全域规划、整体布局，依托资源禀赋，大力实施以井冈山红色旅游为龙头，青原山、武功山和赣江库区旅游互动发展的“三山一江”战略，打造“红色、绿色、古色”交相辉映的大井冈旅游经济圈。井冈山充分依托红色旅游这块“金字招牌”，加快红色景区的深度开发和品质提升，推出集体验式、参与式、互动式于一体，内容鲜活、形式多样的红色经典培训。同时，依托秀美的自然和良好的绿色生态，积极开发绿色观光、休闲度假旅游产品，推进旅游产品的多元化。青原山充分依托禅文化和绿色生态优势，打造集禅宗文化、佛儒研修、生态疗养和休闲养性于一体的在全国有较高知名度和影响力的“静生活基地”和中心城区旅游休闲后花园，以此为引领，按照“文山故里、红色圣地、儒佛佳境、绿色长廊”的总体定位，加快文山故里、渼陂古村、富田古镇、“东井冈”等景区开发，把青原区打造成为全国知名度的庐陵文化生态保护区。武功山充分依托“云中草原”“温泉之都”特色自然资源和丰厚的福文化人文景观，建成开放箕峰景区，加快推进杨思幕景区建设，着力打造“全国知名的福文化基地”和“全国慢生活基地”。赣江沿线充分依托丰富水系，加快发展水上旅游，打造人文荟萃、生态优美、环境优越的水上风光旅游带。在战略实施中，既注重“三山一江”景区的各自特色，又注重各景区的融合互动，深入推进资源共享、客源互动、品牌共建、市场齐管，推进红色旅游一体化，形成大井冈旅游经济圈。尤其是为了促进山上山下互动发展，重点加快了吉安市中心城区旅游资源开发，将中心城区旅游资源整合优化、串珠成链，打造以庐陵文化生态园、古后河绿廊、白鹭洲书院、古州窑遗址公园等为代表的一大批精品旅游景区景点，

实行门票捆绑折扣销售，较好地解决了游客上井冈山红色游，下井冈山住吉安城的问题。

（四）活化创新，促进旅游业态的丰富多元

旅游业态的活化创新是旅游发展的动力源泉，突破就旅游抓旅游的传统思维，旅游产品多元，将旅游产业与城市建设、美丽乡村建设、体育产业、文化产业深度融合。在城市建设中，按照“旅游即城市，城市即旅游”的理念，把城市作为一个大景点进行整体打造，在建设过程中既注重保护传承历史记忆，又适当开发新的景区景点，使吉安这座城市处处成景、处处可游。在美丽乡村建设中，重点突出庐陵特色，丰富农家乐等参与体验农耕生活的旅游业态。推动旅游与体育、文化联姻，井冈山国际山地自行车赛道项目丰富了井冈山旅游业态，吉州窑遗址公园、庐陵文化生态园、庐陵民俗园、白鹭洲书院、古后河绿廊、大型实景演出《井冈山》、大型情景歌舞《记忆庐陵》等一大批文化旅游精品的推出，为吉安旅游吹进了清风，注入了新的元素。

（五）市场化运作，推进旅游产业大开放大发展

坚持“政府主导、市场主体”的开发建设模式，灵活运用市场化手段，借助市场力量发展旅游，推动旅游产业加快发展。在项目建设上，积极推进旅游全领域开放，大力推进旅游招商，吸引外商、民资等多元资金和社会力量参与旅游重大项目开发建设。据统计，近几年吉安市旅游招商引进的资金均超过了20亿元，2013年达到23.3亿元，一大批大投入的景区陆续建成，进一步丰富了大井冈旅游景观体系，加速了旅游经济发展。在经营管理上，在对旅游资源有效保护的前提下，积极探索所有权、管理权、经营权“三权分离”的旅游景区经营模式。在市场营销上，联合各类市场主体开发“抱团式”营销，着力推动景区景点对接市场、接通地气，通过与大型旅游集团战略合作，在旅游客源地建立市场营销渠道，央视等媒体加大形象广告投放力度，赴北京、上海、广州等重点客源地开展市场推广，冠名“吉安号”飞机创新营销方式，在全国打

| 图 5-1　仙女潭 |

响红色经典、生态休闲、庐陵文化三大品牌，有效地提升了大井冈旅游知名度和影响力。

二、大井冈红色旅游一体化推进

（一）统筹城乡一体化，加快农家休闲旅游发展

依托旅游产业的发展，充分带动景区周边农户利用现有的房屋大力发展农家乐旅游，实行农家乐四大区域并进，三个步骤铺开，打造两个产业重点，培养一批人才队伍的策略。四大区域是大小五井景区周边农家乐发展区域；杜鹃山景区周边农家乐发展区域；菖蒲、草坪、泰井高速沿线农家乐发展区域；茅坪景区农家乐发展区域。三个步骤是指在 2015 年以前，引导发展农家乐 1000 家以上。其中，2013 年制定出台农家乐规范性标准、农家乐管理办法，并在四大区域各打造 2 ~ 3 家标准化农家乐示范点。2014 年示范点扩

大到300家。到2015年引导发展基本符合游客接待标准农家乐1000家以上。两个产业重点是重点引导农家乐餐饮开发和农家乐旅馆建设。积极探索开发具有特色的餐饮文化，吸引游客参与；积极打造特色居住环境，吸引背包族、户外活动者和城市白领前往休闲体验，带动农家乐消费市场。全面推行旅游行业服务标准，免费举办旅游从业人员服务技能培训，尤其对农村富余劳动力培训，使农村富余劳动力进入旅游餐饮、住宿、导游、购物等服务岗位。同时，对农家乐经营管理人员免费定期培训，打造井冈山农家乐的旅游服务品牌，提升市场竞争力，提高城乡劳动力就业率。

（二）推进产业协调配套一体化，加快旅游业反哺农业进程

依托井冈山每年近千万人次游客接待量的庞大消费市场，通过以政府引导、农户跟进、企业配合的策略，打造旅游景区生活物资供应“公司+农户+基地”的产、供、销一条龙模式，推动城乡产业协调配套一体化，带动农民致富增收。2013年协商10家星级宾馆与新农村建设示范点进行年度鸡、鸭、鱼及蔬菜等农产品直供合作，并以文水及渥田两个村落为试点建立供应基地。通过公司化的合作实行市场包销，推进旅游与农业的结合，确保乡村旅游示范点和新农村建设示范点的农民增收。2014年打造出10个农产品供应基地，并对全山130家大小宾馆实行家产品对应包销。2015年，井冈山所有的涉旅酒楼、餐馆都与农产品供应基地签订供销合同，形成本地农产品销售长期保障，涉旅部门餐饮原材料天然安全、无公害，协调配合、深度融合的农副产品直供一体化。

（三）推进景区和乡村一体化建设，加大旅游项目建设力度

围绕井冈山十一大景区的开发建设，在区域范围上进一步将旅游景区、产业扩大到景区周边乡、镇、场，在产品类型上进一步开发更具参与性、娱乐性、体验性的旅游产品。加快推进黄坳山地自行车赛道、新城区度假村（酒店）、井冈山风景名胜区游客服务中心和停车场建设项目、罗浮旅游休闲度假区、井冈山梨坪旅游度假公寓、井冈山渥田、文水、茅坪三个乡村旅游

示范点建设、丽洲山庄休闲度假项目、八角楼农业科技观光项目、茅坪景区红星广场等建设项目、茨坪景区综合提升工程、井冈山仙口水库与遂川热水洲温泉度假村合作开发项目、井冈山冬季滑雪场等以观光、休闲、度假为主的项目，以进一步丰富井冈山的旅游产品，壮大旅游产业。

（四）以产业集群为基础，带动工农产业一体化

以园区和经济带建设为中心，把旅游业、工业、农业有机结合，大力发展旅游产品产业，实现产业联动发展。围绕旅游产业上下游产品大力拓展产业链，制定各种帮扶政策和措施，致力打造旅游产品特色产业基地。积极吸引大中型企业（集团）进入，重点培育一批旅游产品龙头企业，发展一批旅游产品生产专业户和旅游产品经营企业，形成一批旅游产品自主品牌，培养一批旅游产品技术人才和能工巧匠带头人，完善旅游产品公共服务平台，逐步形成井冈山旅游产品生产、研发、营销均衡发展的旅游产品产业体系。组织实施重点产业行动计划，加大力度打进重点项目建设，形成一个在全国影响力的旅游产品集散中心和旅游产品研发中心。着力发展旅游食品、旅游竹木工艺品、旅游陶瓷、红色旅游纪念品、旅游电子产品五大系列旅游产品，产品辐射国内大部分地区。2014 年使从事旅游产品生产、销售贸易的企业和个体工商户达 3000 家。到 2020 年旅游产品累积总投资达 50 亿元以上，全市旅游产品销售收入达到 100 亿元；旅游产品收入占旅游业总收入的比重达到 45% 以上，旅游产品产业直接从业人员达到 2 万人，间接从业人员达到 4 万人，为加速农业产业做出贡献。

（五）挖掘景区与乡村文化元素，加快文化旅游产业一体化

重点围绕“一园一实景一歌舞一电影”的“四个一”进行深厚挖掘和打造。“一园”，主要是投资 2 亿元在新城区打造红色文化创意产业园；“一实景”，主要是对现有的大型实景演出《井冈山》进行改编完善，将革命红色故事、红色歌谣等与井冈山居民、民俗等有机结合；“一歌舞”，主要是在原省委宣传部室内剧的基础上，参照并吸纳其他景区室内剧的表现手法，侧重突出

井冈山风俗元素、景区元素以及游客的喜好心理和休闲娱乐元素；“一电影”，主要是在电影《井冈恋歌》和电视剧《井冈山》的基础上进行改编，在充分尊重历史的基础上，将井冈山红色文化与绿色美景进一步有机融合，达到使游客来到井冈山不看会遗憾的效果。

（六）以湘赣边界六县为轴心，签订井冈山红色旅游一体化发展合作协议

协议文本如下：

井冈山革命根据地六县（井冈山、永新、遂川、莲花、炎陵、茶陵）红色旅游合作协议

为加强井冈山革命根据地六县之间的红色旅游合作，实现红色旅游资源共享、客源互换、优势互补、互利共赢、共同发展的良好格局，促进六县旅游经济的快速发展，经协商达成如下合作协议：

（一）政府主导，建立红色旅游合作机制

1. 设立六县“红色旅游发展合作联盟秘书处”，秘书处成员由六县旅游局局长组成，负责秘书处日常工作，制订“阶段行动计划”，落实六县红色旅游联盟年会和协调会议的各项工作。

2. 建立六县红色旅游联盟年会制度。不定期轮流红色旅游联盟年会，研究确定红色旅游佳作的战略、方针与机制，协调解决红色旅游合作的重大问题。

3. 建立六县旅游局长协调会议制度。每年定期轮流召开由六县旅游局局长参加的联席会，研究落实红色旅游联盟年会的各项任务，通报六县红色旅游发展的情况，交流经验，探讨解决红色旅游合作与发展中遇到的问题。

（二）联合促销，打造红色旅游品牌

1. 互换红色旅游宣传精品资料，并在各自的电视、网络等媒体上刊登、播出，在宾馆、酒店、旅行社摆放。

2. 六县联合举办系列红色旅游节会活动，相互支持各自举办的红色旅游促销活动。

3. 实现六县官方旅游网站的相互链接，积极利用政府信息网、官方旅游

网宣传六县的红色旅游资源、产品、项目和节会活动。

4. 建立健全有效激励机制，促进六县互送客源，互为旅游目的地。

（三）六县联动，营造红色旅游发展环境

1. 建立旅游信誉系统和信誉披露制度，通过网络等多种媒体手段，提供本地区诚信优质旅游企业的相关信息，发布相关旅游警示和不良旅游企业信息，为行业内部和广大旅游消费者提供咨询引导。

2. 建立旅游突发事件的应急处理机制，全力解决旅游者和旅游企业遇到的各种困难和问题，对在六县发生的重大旅游安全事故提供积极有效的救援和帮助。

3. 加强旅游质监部门和执法联动和信息沟通，及时处理辖区内的违规事件和旅游投诉，并将处理情况及时通报。

三、大井冈旅游目标行动

（一）大井冈旅游目标行动纲领

国家大力扶持原中央苏区振兴发展、“国家旅游扶贫试验区”创建等重大历史机遇，按照有序、适度、可持续发展的原则和“道法自然，减少干预，坚守品质，打造精品”的要求，以科学规划为引领，以旅游项目建设为核心，以旅游品牌创建为抓手，以旅游市场拓展为重点，以体制机制创新为动力，着力实施好“一市两县”旅游发展战略，壮大旅游产业规模，增强旅游产业竞争力，努力把“井永遂红色旅游核心圈”建设成为“全国红色旅游首选地”。

（二）大井冈旅游产业集群优势

1. 大井冈旅游特色

“井永遂红色旅游核心圈”旅游资源可概括为五大品质，即“红”魂、“绿”魄、“蓝”韵、“古”风、“金”脉。井永遂地区旅游发展呈现四大特色：

井永遂地区的旅游资源类型丰富，数量较大，品质较高；旅游资源的空间分布上出现“大分散、小集聚”的分布格局；井冈山旅游开发前景偏重于生态资源；永新、遂川的旅游开发处于初级阶段，前景光明；井冈山的旅游资源融合程度较高；永新、遂川需要进一步推进各类资源的整合开发。

2. 大井冈旅游空间布局

“井永遂红色旅游核心圈”空间布局概括为“三核两带四片区”，“三核”即井冈山红色旅游产业核，三湾军魂历史文化体验核，遂川茶、泉生态休闲养生核。

“两带”即井永遂红色旅游观光带、井永遂休闲度假产业带。

“四片区”即三湾山地观光旅游片区，永新县文化体验旅游片区，井永遂中部生态休闲旅游片区，汤湖、热水洲温泉度假旅游片区。

随着旅游产业沿交通轴线的传递和城镇人口的转移，带动沿线乡村旅游和其他生态休闲度假项目发展，以井冈山红色旅游为龙头，重点抓好井冈山国家级旅游服务业标准化工作，依托井冈山、遂川、永新地缘及历史上的联系，以井冈山为旅游中心和遂川、永新为两翼，构建“大井冈”旅游圈，呈现井冈山、遂川、永新三位一体，共融发展的格局。

图 5-2 高山平湖

3. 大井冈旅游核心企业集群

| 图 5-3 大型实景演出 |

"大井冈"旅游圈，是以经济利益为联系纽带的范围经济，有较多的关联产业的支撑与配套，产业分工更加精细，产业集群呈链条式发展的良好态势。目前主要有：江西省中岭旅游投资有限公司、井冈山中信梨坪国际会议中心、井冈山旅游发展股份有限公司、井冈山旅游发展总公司、井冈山华严文化发展有限公司（大型实景演出——井冈山）、江西干部学院（黄洋界宾馆）、井冈山干部教育学院、全国青少年井冈山培训基地、井冈山观途旅游公司、井冈山中泰来国际大酒店，遂川县的龙泉大酒店、新华天大酒店、伟业国际大酒店、皇朝丽都大酒店、遂川宾馆、遂川旅游公司，永新县旅游产业投资开发有限公司、湘赣大酒店、永新银帝宾馆、三湾宾馆、枧田酱制品厂、永新崖雾茶厂等，涵盖旅游全要素。

（三）大井冈旅游工作目标

到 2017 年，力争实现"井永遂红色旅游核心圈"年接待国内外游客 1500 万人次，旅游总收入突破 100 亿元（其中到 2015 年，分别达到 1000 万人次和 75 亿元，到 2016 年分别达到 1100 万人次和 85 亿元），成为全省 8 个过 100 亿元的产业集群之一。游客人均消费和游客人均逗留时间比 2013 年翻一番，由单一的红色旅游目的地向综合旅游目的地升级，由旅游业相对独立发展向以泛旅游产业为核心的产业结构升级。从一山独大向市县联动的转型，从红色一枝独秀向红绿古相融合的转型，从观光型产品向复合型产品结构的转型，从门票经济向旅游综合经济的转型，实现由二三产平衡向以泛旅游产业为核心的产业结构的转型升级，到 2017 年，将井冈山打造成为全国红色旅游首选地、中国一流的旅游胜地。

到 2017 年，实现井冈山旅游成功上市，力争成功申报世界自然与文化遗产、国家旅游度假区。将三湾革命根据地纪念馆、汤湖温泉等建设成为国家 4A 级旅游景区，将贺子珍纪念馆等建设成为国家 3A 级旅游景区；将菖蒲古村打造成为全国乡村旅游示范点或中国特色旅游景观名村；将井冈山茨坪镇龙市、遂川汤湖等建设成为富有韵味的旅游精品小镇。

（四）大井冈旅游主要行动

1. 加快推进大井冈重点景区建设

（1）井冈山近三年将力争完成江西省中岭旅游投资有限公司建设项目（中高级赛道建设和配套酒店）、温泉国际大酒店、仙口热水洲生态休闲旅游项目、红军故乡情景建设、井冈山会师纪念碑周边环境改造项目、茨坪城区环境综合整治工程、井冈山（白银湖）旅游客运站（一站两场）建设项目等一大批重点项目建设，加快井冈山罗浮片区旅游综合服务区建设，围绕宾招、康养、生态、休闲、度假定位，将罗浮片区建设为井冈山景区的重要门户和游客集散地，力争 2017 年初步建成。永新县依托深厚的文化底蕴，建设军魂广场、民俗文化大观园、三湾改编旧址、龙源口大捷旧址等项目，将三湾革命根据地纪念馆建设成为国家 4A 级旅游景区，将贺子珍纪念馆建设成为国家 3A 级旅游景区。遂川依托著名的生态“三宝”，打造红军茶产品系列、红色集市等项目。将遂川工农兵政府旧址、草林红色圩场纳入红色旅游核心圈，打造以汤湖、热水洲温泉为代表的温泉度假疗养保健旅游产品，将汤湖温泉等建设成为国家 4A 级旅游景区。

（2）开发旅游精品线路和旅游文化产品

建成一条黄金旅游线路，即多彩井冈红色经典旅游线（吉安—遂川—井冈山—永新—吉安），立足于温泉旅游广阔的发展前景，充分利用遂川丰富的地热资源优势，大力推进温泉旅游项目开发建设，打造以遂川热水洲、汤湖为核心的采茶泡汤逍遥风光之旅。永新加快乡村旅游发展，鼓励和扶持三湾、龙源口、贺子珍故里、牛田红军村等景区周边以及永里线、永厦线、永宁线沿线村组因地制宜发展乡村旅游，将红色旅游与农家乐相衔接、融合起来，把三湾

图 5-4　龙江书院

的旅游真正融入红色旅游一体化，让游客体会田园风光、快乐老家之旅等精品旅游。同时大力推介井冈山—草林红色圩场—遂川工农兵政府旧址、井冈山—五斗江战斗遗址—新江横石红六军团万里长征始发地、井冈山—黄竹岭—三湾等红色旅游精品线路。与相关省市合作，联手开发一批跨市、跨省旅游精品线路。尽快编制在国际、国内享有声誉，反映大井冈旅游品牌形象的一首歌、一本画册、一套旅游丛书、一台庐陵文化大戏、一部旅游风光片等一批高品质旅游宣传产品；继续唱响“中国红歌会”，提升《井冈山》大型实景演出水准，打响文化品牌，努力打造具有强烈艺术震撼力的旅游文化娱乐精品。

2. 完善大井冈旅游圈的基础设施

（1）目前区域内现有的道路网大部分为三、四级公路，无法满足旅游的发展要求。应以高速公路作为“井永遂”三地的交通骨架，规划出连接三地的快速旅游交通干线，加强区域内各种交通运输方式之间的有机联系。重点打造“茨坪—茅坪—砻市—三湾—龙源口—永新县城”“遂川—井冈山—三湾”“井冈山仙口—热水洲景区—南风面”和“茨坪—茅坪—工农兵政府旧址—草林红色圩场”“泰和碧溪经永新坳南—永新县城”等红色旅游快速通道，大力支持“一铁一高”建设（咸宁至井冈山铁路、宜春—永新—井冈山—遂川高速公路），着力开通环井冈山旅游公路，构建可串联炎陵、桂东、永新、遂川的快捷通道，缩短“一市两县”的时空距离，使区域内的重点景区景点真正融为一体。（责任单位：市发改委、市旅游局、市交通局、市公路局、有关县市区政府）

（2）努力提升旅游业配套功能

完善高等级公路、旅游公路沿线重点旅游景区中英文对照标志标牌及紧急救援、车辆维修等基础设施；在重点景区景点建设一批旅游公厕、游客集散服务中心、停车场等；完善重点旅游景区景点邮政、通信、银行、数字电视等配套服务设施；加大星级酒店建设力度，永新、遂川力争各创建 1 ~ 2 家四星级旅游饭店。引进国内外品牌酒店连锁管理模式，改善星级饭店结构，壮大星级饭店队伍，形成门类齐全、高中低档结合、满足不同层次需求的城市旅游服务接待体系。（责任单位：红色旅游一体化工作领导小组、市旅游局、有关县市政府）

3. 创新旅游市场营销，有效拓展客源市场

（1）引进培育旅游市场主体

一是实施引进资本战略。按照“谁投资、谁管理、谁受益”的原则，大力引进国际、国内著名旅游投资商、开发商、运营商进入，在旅游交通、特色旅游线路、景区、景点、酒店、农家乐、地产、文化、娱乐、购物连锁等领域投资、开发、运营；金融部门要用好用活用足政策，加大对旅游企业、景区等旅游项目的信贷投放力度，扶持旅游业发展。二是实施上市战略。整合大井冈旅游业多形态的优质资产，采取产权联盟、经营权联盟等市场手段，搭建融资平台，逐步组建以利益为纽带、以资本运营为手段、以优势企业为内核的市场化、产业化的旅游企业集团，并积极创造条件，力争 2017 年实现井冈山旅游企业上市，努力打造在全市旅游行业中能起到引导产业发展作用的大型旅游龙头。

（2）创新营销宣传手段

“一市两县”应同打“井冈牌”，围绕巩固和提升井冈山旅游知名度，在央视《朝闻天下》、江西卫视以及江西境内高速公路沿线和国内重要客源城市晚报媒体投放井冈山旅游宣传广告，吸引国内外媒体在井冈山拍摄录制旅游专题片。参加国家层面上的旅游电子商务暨在线旅游合作推进会、“江西风景

独好”推介活动。围绕拓展客源市场，推行旅游营销市场化工作试点，将国内分为东、南、西、北四大市场，采取市场包干，开展市场攻坚，为营销工作注入了新的活力。通过门票优惠等手段，继续推出“三八”妇女节主题活动、“高考学子成人礼之旅”、“清凉避暑·休闲度假”等综合促销活动，实行60岁以上老人免费参观，对700公里范围以外的市场实行阶梯式返利，对旅游专列、旅游直通车、港澳台市场实行特殊优惠让利政策，拉动旅游市场。围绕网络营销，整合井冈山旅游网和井冈山观途网，建设好景区电子门票在线销售系统，为景区营销从传统模式向电子商务模式转变搭建了重要平台。

（3）精心办好旅游节庆活动

采取政府主导、市场运作的方式，在井冈山景区定期举办中国（井冈山）旅游节庆活动（红歌会、杜鹃花节、山地自行车赛等），遂川的一系列茶文化主题游，永新的乡村民俗节庆旅游，积极创造条件，将重要节庆活动打造成为省内、国内固定性的节庆活动。要因地制宜，积极举办富有地方特色的旅游节庆活动，积极申办、组织有影响的会展、文艺演出、体育赛事等大型活动。

（4）开拓国内外旅游市场

抓好旅游营销，扩大市场份额。稳固以长珠闽和周边省市为主的传统客源市场，主攻以京津冀为主的华北和东北等新兴客源市场，拓展以川滇桂为主的西南客源市场，开拓以中国港澳台地区为主及韩国、日本、东南亚为辅的入境旅游市场；充分发挥本地高速公路、铁路、航空便捷的交通路网优势，做足做活大广、泉南等高速公路节点，京九、京广、衡茶吉铁路节点，航线目的地以及毗邻的周边旅游城市的宣传营销推介工作；进一步繁荣本地旅游市场，推行全市居民休闲旅游行动计划，对持有本市辖区身份证的游客减半收取景区（点）门票费。

4. 加快旅游商品业态发展

目前，井永遂地区的旅游纪念品主要是土特产品（金橘、茶叶、红米酒）、手工艺品（红军斗笠、手工制瓷、手杖等）和 红色景观的衍生品（三元人民币、鹰洋），主要对应公务市场和红色教育培训市场，多以雕塑、绘画的形式出现并且价格偏高，影响了一般游客群体的消费需求，尤其难以引起青少年的购物欲望。应解放思想，推动旅游商品研发创新，积极引进旅游商品开发专业人才。扶持旅游商品生产企业设立研发中心，不断推出新设计、新技术、新工艺。

定期举办旅游商品大赛。近几年，井永遂地区的学生群体数量呈现跳跃式增长，利用青少年喜爱的玩偶、手机链、手机壳、鼠标垫、打火机的形式将红色文化表现出来，开发具有时尚气息的特色旅游产品，既能赢得大多数消费者的喜欢，又能一定程度上传播红色文化，提升井冈山在青少年群体中的知名度。

进一步加快井冈山市天街旅游商品特色街、遂川草林红色圩场建设，完善旅游购物配套设施，提升服务质量，形成特色品牌，促进旅游购物消费，推动旅游商品业态健康、快速发展。争取到 2017 年培育 10 家以上具有较强研发实力的旅游商品生产企业，开发 15 个系列特色旅游商品（工艺品、纪念品），力争旅游“购”所占比例达到旅游总收入的 15% 以上。

5. 大力推进智慧旅游建设

在井冈山智慧旅游建设的基础上，推进永新、遂川两县建设智慧旅游试点县，鼓励重点旅游接待酒店、景区开展智慧建设，吸引社会资源参与智慧旅游创新开发，建设智慧旅游公共平台，不断完善旅游数据中心，实现旅游数据充分共享。智慧旅游建设任务主要包括建设景区自动门禁系统、自动讲解系统、智能门户网站与网络营销预订系统、旅游公共信息触屏系统、360°或 3D 景观虚拟展示体验、高清视频远程浏览系统、无线网络、广泛运用二维码和 RFID 感知技术、旅游一卡通无障碍刷卡消费系统、生态环境监控显示系统、停车场自动引导系统、安全视频监控网络系统、应急救援管理系统等。增加多媒体解说信息及解说渠道，提升展陈内容的易接受度。通过在博物馆内设置二维码进行解说软件获取，通过 Wi-Fi 可实时获取想要了解的相关信息。所有信息，游客可通过网络提前下载。每一展台以不同的序号代表，每一序号有相应的解说词，游客可通过在导游或手机软件中选取相应的序号，得到相应解说信息。

6. 做好旅游标准化建设工作

高度重视旅游标准化试点工作，红色旅游一体化工作领导小组做好组织领导和协调工作，积极推动旅游标准化试点单位建设，做好对旅游企业的协调、动员工作，遴选、指导辖区内旅游企业申报“全省旅游标准化示范单位”，确保旅游标准化试点工作顺利开展，树立全国红色旅游发展标杆。

7. 加强组织领导

井永遂红色旅游一体化依赖于多元主体的共同参与，要构建以政府和旅游企业为中心、以旅游中介组织为纽带，以其他产业主体为支持和补充的红色旅游一体化发展协调机构，对三县市旅游资源的规划与开发、旅游景区的建设与管理进行科学、有效协调。吉安市成立了由负责旅游的市委常委任组长，井冈山管理局党工委书记任常务副组长的“井冈山红色旅游一体化工作领导小组”，可与“大井冈旅游产业集群”领导小组合二为一，从而保证大井冈旅游产业集群的顺利开展。接下来井永遂三地应携手联合，制定和完善与之配套的区域通行的行业管理准则，建立健全相关法律制度和管理体系。共同制定区域内的旅游服务规范、旅游政策，提高区域旅游服务水平和维护良性竞争的旅游市场秩序，将大井冈旅游产业集群工作真正落到实处。

8. 坚持规划引领

制定出台“一市两县”旅游景区（点）规划、招商开发模式管理办法，按照“道法自然，减少干预，坚守品质，打造精品”的要求，协调统一全市旅游规划编制，管控好景区概念性规划和控制性规划，妥善处理好开发与保护的关系，严厉禁止破坏性开发、过度开发，积极推动旅游资源的科学、有序、适度开发，实现经济效益、社会效益、生态效益的统一和旅游业的可持续发展。（责任单位：市发改委、市旅游局、有关县市政府）

9. 加大政策扶持

（1）设立红色旅游发展基金。用于红色旅游景区基础设施建设贷款贴息、旅游企业纳税奖补等，同时从 2015 年开始，市财政每年安排井冈山、遂川、永新所在地政府旅游发展专项资金不少于 2000 万元。

（2）加大对高端景区、高品质酒店创建的奖励。对成功创建国家 4A 级以上旅游景区、四星级以上旅游饭店、国家生态旅游示范区、国家旅游度假区、省 4A 级以上乡村旅游点的单位，由受益财政予以一定的资金奖励。

（3）加大对旅游企业的帮扶、奖励。对独立经营的旅游企业年营业额首次突破 1 亿元、3 亿元、5 亿元、10 亿元的，由受益财政分别予以不同额度的资金奖励。对注册在井冈山（含风景区）、遂川县、永新县从事旅游业的企业发生的广告费和业务宣传支出，报经批准，经主管地税机关审核，在不超过当年销售（营业）收入 30% 的部分，准予在企业所得税前扣除；其他旅游企业发生的符合条件的广告费和业务宣传费支出，除国务院、税务主管部门另有规定外，不超过当年（营业）销售收入的 15% 的部分，准予在当年企业所

图 5-5 井冈山机场

得税前扣除，超过部分准予在以后纳税年度结转扣除。

10. 加强招商引资

围绕建设成为“全国红色旅游首选地”战略，高端定位、高起点策划、高品质包装一批有影响力、带动作用强、市场前景好的旅游招商项目，打好招商引资的基础。要建立健全旅游招商引资政策保障、目标管理、服务协调、奖励激励等机制，出台配套的投融资及奖励政策，探索多元化的旅游产业发展模式。每年组织举办 1 ~ 2 次旅游招商推介会或投资洽谈会，积极参加国内外各类旅游投资会展活动，努力吸引更多的大企业、大集团到井冈山、永新、遂川投资兴业，使社会投资逐步成为旅游投资的主体。井冈山、永新、遂川每年旅游招商实际进资不少于 5 亿元。

11. 加快人才培养

提升旅游从业人员素质，建立适应旅游发展形势需求的人才培养机制。加强与全国红办、省旅游局、井冈山大学旅游系等的合作，举办旅游人才培训班，三年内每年培训旅游从业人员不少于2000人次，其中管理人员不少于300人次，努力提升全行业的素质和服务水平。积极组织旅游管理人员到旅游业发达地方考察学习或交流挂职锻炼，提升旅游经营管理水平。加强政府专业对口部门的旅游规划、策划、营销、管理、会展、酒店等高端管理人才的引进。对紧缺的特殊人才，如规划人才、高新技术人才等可以采用人才租赁、项目合作、协议用人等“柔性”方式配置，进一步抓好旅游管理人员培训。

12. 加强督察、完善考核制度

（1）建立督察考核制度。把旅游业发展情况纳入县（市）经济社会发展综合考评指标体系；根据建设成为“全国红色旅游首选地”旅游战略，对旅游产业发展重点县实施差异化考核。每年召开旅游工作会议，对“红色旅游一体化工作”进行部署和交办任务；每季召开一次工作例会，对旅游项目建设进行调度；每年组织一次市四套班子旅游工作巡游活动，实地察看各县（市）旅游项目推进情况和发展变化；年终对旅游发展情况进行考核。形成“年初交任务、季季有调度、年中有督察、年终有考核”的工作推进机制。

（2）加大奖惩措施。市委、市政府对创建旅游品牌、景区建设、市场开拓等有重要贡献的单位和个人予以重奖。市委、市政府每年对工作先进单位和个人进行表彰，对工作不力、延误进度的责任单位予以通报批评。

第六章 军事主题游
——井冈山红色旅游发展优化升级

井冈山红色旅游发展取得了骄人的成绩，并形成了中国红色旅游井冈山模式。井冈山的红色旅游开发和旅游项目规划建设中，也融入了井冈山军事斗争的元素，特别如黄洋界景区。但是，从我们井冈山实地调研，翻阅整理历年井冈山红色旅游的经验材料，直到最新的“红色旅游一体化”大井冈旅游格局，以及《井冈山市旅游发展总体规划》，从来没有提出过井冈山军事主题游的旅游发展概念，也从来没有做过井冈山军事主题游的专题规划。

图 6-1　拓展基地

《井冈山市旅游发展总体规划》解读篇：旅游发展瓶颈、核心优势解读、城市内在诉求、重大战略机遇，旅游市场态势。战略篇：突破路径、发展定位、发展模式、发展目标。规划篇：旅游空间系统、旅游项目系统、旅游产业系统、公共服务系统、旅游交通系统。保障篇：品牌营销规划、政策保障规划、综合保护规划、近期实际规划。共计 18 个问题，涉及方方面面，从“红色独大”到“五品井冈”，丰富产品主题计有 33 个项目，包括提出从单一的红色观光旅游到田园、养生等多彩的休闲度假产品；从一个中国传统大景区到国际时尚旅游目的地；从根据地变成现代消费的前沿阵地；从革命

图 6-2 井冈山火车站

老区转型成为活力新城。有些理念思路是可行的，有些观念创意是值得商榷的，尤其是忽视了井冈山的资源特色——军事。井冈山课题组负责人刘高平大校调研后重点建议：枪杆子与根据地，才是井冈山红色旅游资源的根本所在。开发军事主题游，应是井冈山红色旅游优化升级的最新亮点。尽管井冈山红色旅游包括了许多军事历史活动的项目内容，但创意提出大力发展井冈山军事主题游，则应是井冈山红色旅游新的增长点。

一、军事主题游融入井冈山旅游发展战略总体规划

一方面，井冈山革命根据地最丰富和独具特色的资源是军事历史文化，在这里有我军历史上的许多第一。如第一面设计制作的军旗，第一个连队党支部，第一栋营房，第一所红军医院等。另一方面，作为中国红色旅游经典景区井冈山，所拥有的政治历史地位，实际是由其军事斗争历史地位作用奠定的，这里所拥有的军事资源是顶级的，用以开发军事主题游的品质是一流的。

二、军事主题游融入大井冈旅游项目

一方面，采取井冈山红军战地寻踪的旅游设计线路，让游客亲临战场战地，感受当年烽火硝烟；另一方面，运用朱毛兵法，毛泽东早期军事思想，军队管理创造的一系列行之有效的办法和方略，指导解决现实生活中的许多问题。在红色培训中除加强党性教育、理想信念教育、励志教育之外，再增添毛泽东军事思想、红军战略战术等培训内容，进一步扩大和提升井冈山红色培训的影响力和市场份额。

三、军事主题游融入现代国防教育、军事游戏类旅游项目

一是突出井冈山红军传统与现代国防的特色，既了解井冈山红军传统，接受井冈山精神的教育，又学习现代国防知识，熟知高技术战争情况，增强公民的国防观念。二是突出井冈山军事项目的游戏性，无论是红军时期的操典、行军、训练，还是当代军事游戏的对抗演习，都有很大的参与性、体验性、益智性、健康性，这无论对国内客源市场，还是对国际客源市场，都具有很大吸引力。三是突出井冈山军事主题游的独特顶尖性。中国工农武装割据的第一块农村革命根据地，枪杆子的井冈山斗争等，这里的红色资源军事元素、将帅人物、英雄传奇等都是无与伦比的。将红军传统元素、现代国防教育元素、当代军事游戏体验元素有机结合，把井冈山打造成为中国最具特色，世界最具影响力、吸引力的旅游目的地是可行的，也是众多旅游者所期盼的。

四、军事主题游融入井冈山创意旅游线路

（一）创意开发毛泽东率领秋收起义部队上井冈山，三湾改编旅游线路

| 军事资源背景 |

毛泽东的“上山”思想由来已久。1927 年 6 月，毛泽东在武汉召集“马日事变”中从湖南出来的人员开会，就号召大家回到原来的岗位，说：“在山的上山，靠湖的下湖，拿起枪杆子保卫革命。”7 月 4 日，中共中央政治局常委举行会议，毛泽东提出农军“上山”的主张，并说：“上山可造成军事势力的基础”，“不保存武力，则将来一到事变，我们即无办法”。7 月 20 日，毛泽东主持的中共中央农民部发出《中央通告农字第 9 号——目前农民运动总策略》文件，明确提出：“农民武装现时没有以‘农民自卫军’‘农军’这类名义公开存在的可能，只能在下面以 3 种形式之下存在：以合法的名义存在，如‘挨户团’‘保卫团’‘联庄会’之类；平时分散，秘密训练，一遇战事则随时集中；两种形式都不可能时则可以‘上山’。”在中共“八七”会议上，毛泽东的“上山”思想又一次深化，提出“须知政权是由枪杆子中取得的”著名论断，将“上山”与夺取政权联系起来了。8 月 9 日，毛泽东在中共临时中央政治局第一次会议上提出：“前不久我起草经常委通过的一个计划，要在湘南形成一师的武装，占据五六个县，形成一政治基础，发展全省的土地革命，纵然失败也不应去广东而应上山。”“八七”会议后，主持中共中央政治局工作的瞿秋白提出，邀请毛泽东到位于上海的中共中央机关工作。毛泽东婉言谢绝，对瞿秋白说：“我不愿意跟你们去住高楼大厦，我要上山结交绿林朋友。”

19 世纪 20 年代初中期的大革命时期，到外地求学的井冈山地区进步青年欧阳洛、朱亦岳、陈正人、刘寅生、龙超清、谭民觉等先后加入共产党。他们受中共组织的派遣回到湘赣边界各县开展革命活动，并建立党的组织，还

建立工会、农会、妇女会、学生联合会等群众组织。湘赣边界各界，在党的领导下，农民运动蓬勃发展，半数以上的农民参加农民协会。农会有自己的武装，各县共有枪支 970 支。边界六县的革命派都先后推翻各县的地方政权，掌握全县。宁冈、莲花、永新还建立县级革命政权。“马日事变”后，国民党对革命实行血腥镇压，湘赣边界各县共产党的组织大部解散，农会遭破坏，大部分枪支被地方豪绅缴去。中共的活动转入秘密状态，保留 100 多支枪。1927 年 7 月，永新、遂川、莲花等县先后举行武装暴动。刘作述率领 800 多农民捣毁永新县里田区公署；王次楱率领遂川县农民袭击县城，救出被捕的农会干部；陈韶等带领茶陵部分共产党员和农运骨干转入山区，开展游击斗争；王新亚、袁文才、王佐等率领安福、宁冈、遂川、莲花等县农民自卫军，在永新地方武装的配合下，攻克永新县城，救出贺敏学等 80 多名共产党员和农会干部，成立赣西农民自卫军，王新亚任总指挥，袁文才、王佐任副总指挥。后因国民党军进攻，赣西农民自卫军主动撤离永新，王新亚率安福、莲花农军往萍乡、醴陵一带游击；袁文才、王佐、刘作述率宁冈、遂川、永新农军退到宁冈的茅坪、大陇和遂川的大井、小井、上井、中井、下井（简称大、小五井）一带坚持斗争。

湘赣边界有优越地势和丰富物产。罗霄山脉中段的湘赣边界各县，距离国民党军重兵驻守的南昌、长沙、武汉等中心城市较远，国民党统治势力比较薄弱；新旧军阀连年混战，国民党更是无暇顾及；这里的一举一动却可以影响湘赣两省及其下游；当地大部分是山区，山高林密，地形险要，井冈山和九龙山互为犄角，进可攻，退可守，大有回旋的余地；加之物产丰富，盛产大米、油茶、竹木等，具备自给自足的农业经济。

秋收起义部队向湘赣边界转移　毛泽东根据中共“八七”会议精神，组织中国工农革命军第 1 军第 1 师，于 1927 年 9 月 9 日发动湘赣边界秋收起义。在进攻长沙途中，三路部队先后失利。为此，毛泽东以前委书记的身份命令部队到浏阳文家市会合。9 月 19 日晚，毛泽东在文家市里仁学校主持召开前委会议，决定放弃攻打长沙的计划，“退萍乡再说”。第 2 天，工农革命军 1500 多人在里仁学校操场集合，毛泽东宣布前委的决定。9 月 22 日，工农革命军到达萍乡上栗，得知萍乡有国民党军重兵把守，改道芦溪，不幸又遭国民党军袭击，部队受到损失。在危急关头，总指挥卢德铭亲自指挥 1 个连，抢占制高点，打退国民党军的进攻，掩护大部队突出重围，但在撤离时，卢德铭不幸中弹牺牲。芦溪战斗后，工农革命军仅剩1000多人，只得沿湘赣边界向南转移。

9月24日，起义部队到达莲花县境高州乡高滩村，在这里收集芦溪遭遇战中被打散的部分部队，稍事休整，毛泽东对部队进行思想鼓动。当晚到达坊楼甘家村，在这里，毛泽东召开调查会，听取当地中共组织负责人甘明山、贺国庆等人有关莲花、永新一带国民党军军情形势等情况的汇报。决定攻打县城，并当即召开起义部队营以上干部和中共莲花县委负责人参加的军事会议，对攻打莲花县城作具体部署。

9月25日清晨，对攻打莲花县城进行动员后，向莲花县城进军，中午抵县城附近，在当地工农群众的配合下，起义部队冒雨向县城攻击，不到半小时，攻克县城，守城的保安队大部分人员逃跑，余部被缴械。部队进城后，捣毁国民党县党部和县长公署，并砸开监狱，营救出被捕的共产党员和革命群众。打开谷仓，将粮食分给工农群众。

在莲花，毛泽东接到宋任穷带来的江西省委指示信，信中明确提出：宁冈有中共的武装。江西省委的信嘱，毛泽东更加坚定引兵井冈山的决心和信心。26日清晨，毛泽东在县城召开起义部队干部和莲花县党组织负责人会议，研究恢复党的组织、发动群众、开展斗争和起义部队进军路线，决定向永新、宁冈方向进军。中午，起义部队从莲花县城出发，经桥头，进入九陇山区。

三湾改编　1927年9月29日，毛泽东率领秋收起义部队经永新县九陂村等地到达永新县三湾村。当晚，毛泽东主持召开秋收起义部队前敌委员会扩大会议，针对部队大量减员，工农革命军已不足1000人，官多兵少，枪多人少的情况和急躁悲观失望情绪严重，大量人员逃亡及官长随意打骂、侮辱士兵，官兵关系紧张的实际情况，讨论对部队进行整编等问题，增补宛希先、熊寿祺为前委委员，次日开始对部队改编。

改编的主要内容：首先是整顿组织，将中国工农革命军第1师的3个团缩编为1个团，称工农革命军第1师第1团。下辖1、3两个营和特务连、卫生队、军官队、辎重队。改编以自愿为主，愿留则留，不愿留的根据路途远近，发银元3～5元钱（银元）的返家路费，让其回家。改编后，部队仅剩700余人。建立和健全中共的各级组织和党代表制度，班设党小组，连设党支

图 6-3 天险栈道

部，营、团设党委；连以上设党代表，确立党对军队的绝对领导。实行民主制度，连以上设立士兵委员会，规定官兵在政治上平等，官长不准打骂士兵，士兵有开会说话的自由；经济公开，由士兵委员会管理伙食，官兵待遇一样；决定废除烦琐的礼节，取消雇佣制。

10 月 3 日，前委在三湾枫树坪召开大会，宣布部队建制，毛泽东讲话，宣讲革命形势。随后率部离开三湾，向宁冈县进发。

[旅游项目创意开发]

1. 沿途组织行军宿营
2. 三湾支部建在连上旧址开展党日活动
3. 三湾枫树坪
4. 入村入户做群众工作

（二）创意开发朱毛红军战地寻踪旅游线路

军事资源背景

1. 第一军规“三项纪律”的首次颁布

1927 年 10 月 23 日，在荆竹山毛泽东遇见王佐部队的“探水队”（即侦察队）队长朱持柳。在朱持柳的热情安排下，工农革命军夜宿荆竹山。在茅坪期间，袁文才就向毛泽东介绍“把兄弟”王佐的情况，并亲自写信一封，交与毛泽东。王佐素来尊重袁文才，时刻不忘袁文才救命之恩，知道袁文才介绍的毛泽东工农革命军是共产党领导的穷人队伍，于是，派出朱持柳前往荆竹山一带打探工农革命军下落，与毛部联络，不期而遇。第二天，朱持柳派人急赴大井，向王佐报信。为部队上山后能与王佐部搞好关系，防止违反群众纪律的事情发生，毛泽东于部队出发前，在荆竹山村前“雷打石”处向大家讲话，第一次提出工农革命军的“三项纪律”。

2. 新城大捷

1928 年 1 月中旬，正当工农革命军在遂川分兵发动群众之际，国民党军驻赣第 27 师以第 81 团和第 79 团的 1 个营，由吉安进至泰和，准备进攻万安，威逼遂川。接着又以第 79 团的另一个营由永新占据宁冈新城，在地方武装靖卫团配合下，向井冈山根据地发动第一次“进剿”。

为打击国民党军的“进剿”，前委决定集中兵力，歼灭进占新城之国民党军。毛泽东一面指示宁冈、永新的红军地方武装暴动队和赤卫队日夜袭击、骚扰国民党军；一面率领工农革命军第 1 团从遂川经黄坳、茨坪回到茅坪，与刚升编的工农革命军第 2 团会合，待机歼敌。2 月 17 日，毛泽东在茅坪攀龙书院召开作战会议，研究部署攻打新城方案，决定集中第 1、2 团的优势兵力，对新城实施三面包围，在敞开的一面设伏，乘国民党军逃出时在运动中将其歼灭。会后，对参战部队和群众进行战斗动员，并明确任务，由第 1 团第 1 营担任主攻，遂川县赤卫大队配合，攻打新城东门；第 1 团第 3 营主力攻打南门；教导队和第 3 营 1 部攻打北门；袁文才率领第 2 团第 1 营在西门外的上下曲石地区设伏；王佐率领第 2 团第 2 营守井冈山，并监视遂川方向的国民党军。

17 日深夜，工农革命军分两路向新城进发，在夜幕掩护下，秘密进入指定的作战位置，指挥部设在城北棋山岭上。18 日拂晓，驻南门外巽峰书院的国民党军在操场出操，当其架好枪支，正准备做徒手操时，工农革命军第 1 团第 3 营以排枪向其发起袭击，国民党军弃枪逃入城内，工农革命军缴枪 30 余支。接着，东门和北门外的工农革命军，相继发起攻城战斗，国民党军紧闭城门。工农革命军在火力掩护下，用稻草火烧城门，并在城下架设云梯，对城内实施强攻，经过激战，首先攻破东门。不久，南门和北门亦相继攻破，国民党军残兵出西门逃窜，遭到在西门外设伏的第 2 团第 1 营的迎头痛击。下午 2 时，战斗结束，全歼国民党军第 79 团 1 个营和宁冈县靖卫团共 400 余人，缴枪数百支，俘虏近 300 人，战斗中击毙第 79 团所辖营长王国政和靖卫团团长李树滋，活捉国民党宁冈县长张开阳。次日，工农革命军回师龙市。21 日，工农革命军和群众在龙市举行集会，庆祝新城战斗的胜利，公审并枪决国民党宁冈县长张开阳，宣布成立宁冈县工农兵政府，文根宗任主席。新城大捷，击破驻赣国民党军的第一次“进剿”。

2 月下旬，成立新遂边陲特别区工农兵政府（永新、遂川边陲）。下辖茨坪、大井、土岭、下庄、行洲、梨坪、白泥湖、坳下、茅锡坪、荆竹山 10 个乡。区政府主席李尚发，区委书记萧万侠。1927 年 10 月至 1928 年 2 月，是井冈山革命根据地的创立时期。恢复和建立党的各级组织，宁冈、永新、遂川、茶陵成立县委，酃县成立特别区委，莲花成立特别支部；发动群众打土豪筹款子进行游击暴动；加强工农革命军队伍，组建地方武装和各种群众组织；建立茶陵、遂川、宁冈 3 个县的红色政权，开辟“工农武装割据”的局面。

3. 井冈山会师

会师前的联系　1927 年 10 月中旬，毛泽东在酃县十都派出何长工向湖南省委汇报，并相机联络八一南昌起义部队。10 月中旬，工农革命军在遂川大汾遭萧家璧伏击，第 3 营在张子清、伍中豪率领下，转战至崇义，不期与朱德、陈毅率领的八一南昌起义余部相会合。朱德、陈毅通过张子清等人的介绍，了解到毛泽东率领的秋收起义部队上井冈山的情况，随后派出毛泽东的胞弟毛泽覃上山与毛泽东部联络。毛泽覃化名“覃泽”，以国民党军 16 军副官的身份，从崇义经茶陵到达宁冈，与毛泽东联系，向毛泽东详细通报朱德、陈毅部队的情况。随后，毛泽覃留在井冈山。12 月下旬，工农革命军第 1 团第 3 营在营长张子清、副营长伍中豪的率领下，在茶陵回归建制，张子清等向毛泽东汇报脱离建制后与朱德陈毅部会合的情况。何长工辗转至广东犁铺头，与朱德、陈毅取得联系，向他们介绍毛泽东在井冈山建立根据地的情况。朱德告诉何长工，他们正准备策动湘南暴动，并请何长工回井冈山通报毛泽东。1928 年 1 月底，何长工返抵遂川，向毛泽东报告与朱德部联络的情况，转告朱德的意见和部队行动的方向。同时，中共中央通过江西省委知道朱、毛两支部队各自活动的区域后，曾两次写信给朱德，指示该部应积极认真与毛部联络，共同计划发动群众造成割据局面。

龙市会师　1928 年 1 月，朱德、陈毅率部发动湘南暴动。3 月底，国民党军集中 7 个师的兵力向湘南起义军进攻，起义部队受挫。朱德、陈毅决定撤出湘南，率领南昌起义保存下来的部队和湘南农军近万人，向井冈山转移。

毛泽东率领工农革命军向湘南进发，月底抵桂东，得悉湘南起义部队遭到挫折并向井冈山转移的消息后，兵分两路接应湘南起义部队。毛泽东、何挺颖、张子清率领第1团为左翼，从桂东，经汝城，阻击前来追击的国民党军广东胡凤璋部，在寒岭寨击败胡凤璋部，随后向井冈山撤退，在资兴与萧克率领的宜章农军会合，随即回师井冈山；何长工、袁文才、王佐率领第2团为右翼，4月上旬在资兴，先后与湘南农军第7师和陈毅、黄克诚率领的部分农军会合后，在回师井冈山途中，又与朱德率领的主力部队会合。4月25日，南昌起义和湘南起义军近万人，先后到达宁冈龙市。4月28日，毛泽东和朱德在龙市龙江书院会面，进行交谈，商定两军会师的有关问题。随后，召开会师部队营以上干部会议，决定成立中国工农革命军第4军。5月4日，在龙市广场召开两军会师庆祝大会，近2万军民参加会师庆祝大会。正式宣布成立中国工农革命军第4军，朱德任军长，毛泽东任党代表，王尔琢任参谋长，陈毅任教导大队队长兼士兵委员会主任（1929年6月改政治部主任）。何长工担任大会司仪。陈毅为大会执行主席，宣布部队领导人和组织序列。随后，军长朱德、党代表毛泽东讲话。接着，参谋长王尔琢、宁冈县委书记龙超清也在会上讲话。最后，两军的文艺骨干上台表演文艺节目，庆祝大会从上午10时到下午1时结束。6月后，根据中央发布的《军事工作大纲》，中国工农革命军第4军改称中国红军第4军，简称红4军。

4. 五斗江战斗

为粉碎国民党军的“进剿”，1928年5月初红4军军委在宁冈龙市召开营以上干部参加的军事会议，决定利用国民党军兵力分散的弱点，采取“集中兵力，歼敌一路”的作战方针，首先歼灭向遂川方向进攻的国民党军，并进行战斗部署。由朱德、陈毅、王尔琢率领红28、29团担任主攻，经井冈山佯攻遂川，迂回侧击向五斗江、黄坳进攻之国民党军第81团；毛泽东、何挺颖、朱云卿率红31团，到宁冈与永新交界的七溪岭阻击国民党军第79团；红32团由袁文才、王佐率领，担任对湖南国民党军的警戒和钳制任务。

5月5日拂晓，红29团在团长胡少海率领下，从小行州出发，经朱砂冲进至黄坳时，与国民党军第81团先遣营遭遇，国民党军占领黄坳街及后侧山头，红29团在黄坳北面附近山头展开，与国民党军激战，兵分3路渡过黄坳小河，向国民党军占据的山头冲击，击溃国民党军，缴枪60余支，国民党军余部向拿山方向逃窜，红军占领黄坳。战斗结束后，朱德、陈毅、王尔琢率红 28 团到达黄坳，对敌情作分析和研究后，按照原定作战计划，红 29 团留驻黄坳，吸引国民党 81 团主力。红 28 团由王尔琢率领，遂川赤卫队做向导，直趋五斗江。81 团团长周体仁不知是计，果然上当，当追击至五斗江时，红 28 团团长王尔琢命令各营投入战斗。奉命夺回制高点长冈山的红 28 团第 1 营，由第 2 连担任正面攻击，第 1、3 连配合作战，从左右两侧围攻，凭借雨雾向长冈山隐蔽接近，攻占长冈山。守山的国民党军大部被歼后，余部逃向永新。五斗江战斗后，杨如轩急令驻永新城区内的第 80 团，向南出动，增援第 81 团；并令进攻龙源口的第 79 团回防永新县城。次日，朱德、陈毅、王尔琢率领红 28 团乘胜从五斗江向永新推进。中午，与国民党军第 80 团和第 81 团余部战于永新城外的北岭地区，将第 81 团余部和第 80 团 1 部击溃，占领北岭。国民党军第 27 师师长杨如轩率部经石灰桥向吉安方向逃窜，红 4 军进占永新，打破驻赣国民党军对井冈山根据地的第二次“进剿”。

5. 草市坳战斗

1928 年 5 月 13 日，驻赣国民党军杨如轩的第 27 师 3 个团和王钧的第 7 师 1 个团、杨池生（国民党军第 3 军第 9 师师长）的第 9 师 1 个团共 5 个团的兵力，由杨如轩任总指挥，对井冈山根据地进行第三次“进剿”。其中杨如轩亲率第 27 师第 79 团和第 9 师第 27 团 1 个营从吉安向永新推进，企图进占永新城，其余 4 个团南渡禾水，由龙源口向宁冈进攻。当国民党军开始向永新进攻时，红 4 军即令 28 团主动撤出永新县城，退回宁冈大本营，积极备战，待命出击；红 31 团在永新西乡集结，发动群众，待机歼敌；红 29 团进至永新东乡高桥、石灰桥一带牵制国民党军，待其进占永新城区后，再与暴动队、赤卫队一起不停地袭击和骚扰国民党军。

5 月 16 日，毛泽东乘国民党军第 31 军第 27 师分兵两团从永新向龙源口方向搜索之机，派出红 31 团第 1 营，从永新西乡出发，经莲花边境袭击茶陵县高陇，摆出红军主力西出湖南的架势，以迷惑国民党军。17 日，朱德率红 28 团从宁冈赶至高陇增援红 31 团第 1 营，攻占高陇。在红军攻打高陇时，国民党军第三次“进剿”主力仅留 2 个团守永新县城，其余前往湖南。红 4 军得知这一情报后，决定乘国民党军南进湖南，永新城内兵力空虚之机，袭击永新县城，摧毁国民党军“进剿”指挥系统，然后集中兵力打破国民党军第三次“进剿”。

5月18日，朱德率领红28团和红31团第1营，急行军65余千米，奔袭永新县城。于当晚占领里田。5月19日，从里田出发，向永新县城推进。当进至永新县城与里田之间的草市坳时，与由永新城向里田西进的国民党军第79团遭遇。红28团随即向国民党军正面发起猛烈攻击，红31团第1营从两侧迂回，永新赤卫队迂回至侧后，断其退路，对第79团形成四面包围。经过近两个小时的激战，在草市坳大桥头，红军全歼国民党军第79团，击毙团长刘安华。接着，乘胜直捣永新县城，击溃国民党军第27师师部和第9师第27团1个营，缴枪300余支、山炮2门、迫击炮7门、子弹数万发、银元20余担和大批西药，并击伤其师长杨如轩。向其他地方进犯的国民党军4个团闻讯后，慌忙向吉安逃窜，至此，红军粉碎国民党军对井冈山根据地的第三次“进剿”。

6. 龙源口大捷

1928年6月中旬，国民党军重新调整部署，调集第9师、第27师共5个团，以杨池生为总指挥，从吉安向永新推进，对井冈山根据地发动第四次“进剿”。驻湖南国民党军第8军（军长吴尚、副军长熊震）第2师由平江调防攸县，威胁井冈山根据地西侧。红4军得知这一情况后，根据对湘赣国民党军情况的分析，决定对实力较强的驻湖南国民党军取守势，对实力较弱的驻赣国民党军取攻势，集中兵力，击破驻赣国民党军的进剿。在这一方针指导下，红4军主力撤出永新，退至宁冈；同时，以赤卫队、暴动队等地方武装，袭扰进攻永新的国民党军。为迷惑国民党军，红4军采取声东击西的战术，先由宁冈佯攻酃县县城，待国民党军从永新向宁冈推进时，红4军主力又急返宁冈，待机歼国民党军。

6月20日，毛泽东、朱德在宁冈古城召开红4军连以上干部会议，决定利用新、老七溪岭的有利地形，集中力量歼灭向宁冈进攻的国民党军。21日，根据作战部署，朱德、陈毅、胡少海率红29团和红31团第1营进至新七溪岭阻击；王尔琢、何长工率红28团在老七溪岭阻击，毛泽东率领红31团第3营前往永新西乡的龙田、潞江一带，发动群众袭扰国民党军，并牵制驻湖南国民党军；袁文才率红32团第1营和永新赤卫大队埋伏在老七溪岭右侧武功潭一带，相机出击；王佐率红32团第2营对遂川、酃县采取佯攻，监视国民党援军。22日，杨池生率国民党军2个团盘踞永新县城，杨如轩率国民党军3个团，分两路向新、老七溪岭进攻。

23日凌晨，向新老七溪岭进攻的国民党军，分别先行占领新七溪岭的制高点望月亭和老七溪岭的制高点百步墩。胡少海率红29团与国民党军27团展开激战，国民党军凭借装备上的优势，突破红军阵地。朱德手提机关枪率红31团第1营赶来支援，击退国民党军的进攻，夺回并守住望月亭制高点。阻击老七溪岭的红28团在团长王尔琢的带领下，也与国民党军展开英勇的战斗，战斗从上午9时打到12时，最后夺下百步墩，把国民党军第9师第25、26团逼下山坳。埋伏在武功潭上的红32团第1营和地方武装，在袁文才的指挥下，向白口村国民党军前线指挥所发起突然攻击，捣毁指挥所。杨如轩见大事不妙，带着余部向永新逃窜。朱德率红29团和红31团第1营乘胜追击，在龙源口地区，会同红28团南北夹击，围歼国民党军第27团。接着第三次进占永新城，打破驻赣国民党军的第四次“进剿”。随后，红4军令28团往安福，红29团往莲花，红31团往吉安、天河一带发动群众。

龙源口大捷后，井冈山根据地拥有宁冈、永新、莲花3个全县，吉安、安福各一小部，遂川北部，酃县东南部，茶陵西南部，总面积达7200余平方千米，人口50余万，为井冈山根据地的全盛时期。

7. 黄洋界保卫战

1928年8月下旬，湘赣国民党军乘红军大队远在湘南之机，以4个团的兵力，分两路对井冈山根据地进行第二次“会剿”。驻湘国民党军第8军吴尚部3个团，由酃县占据宁冈大陇，会同由永新进攻宁冈茅坪的驻赣国民党军第3军王钧部1个团，准备于8月30日会攻井冈山的大、小五井军事根据地。8月27日，留守井冈山根据地的红31团团长朱云卿、党代表何挺颖获悉国民党军“会剿”消息后，在井冈山召开留守机关、红军医院负责人及伤病员代表会议，研究对付“会剿”策略，并决定动员全山军民坚守井冈山。会后，团部发出紧急命令，通知红30团第1营从永新火速回山参加战斗。29日，红31、32团在大井召开连以上干部会议，何挺颖在会上作动员，提出“誓死保卫井冈山”的战斗口号。朱云卿作出战斗部署：红31团1、3连和山上地方武装扼守黄洋界，阻击吴尚部进攻；红32团第2营扼守桐木岭、朱砂冲哨口；

图6-4　彩虹瀑布

红32团第1营部署在山下茅坪一线，担负牵制任务。与此同时，宁冈县大陇、茅坪和新遂边陲特别区的赤卫队、暴动队、妇女会和儿童团全面动员起来，日夜赶削、埋竹钉，挖置陷阱、抬石头构筑工事，协助红军在黄洋界哨口设置5道封锁线。8月30日晨，从湖南进犯的国民党军第8军第1师3个团，抢在驻赣国民党军之前，赶到黄洋界硝口下发起进攻。守卫黄洋界的红军和赤卫队、暴动队、少先队依托居高临下的险要地形，用土枪、土炮向国民党军阻击。由于地形限制，国民党军只能一个一个地向上爬，并拉开很长距离，当行至半山腰时，红军为节省子弹，用滚石擂木打击国民党军，打退4次进攻。下午4时许，正当国民党军重新组织进攻时，红军用1门刚修理好的迫击炮及仅有用的1发炮弹，射击至山下腰子坑的国民党军前线指挥部，国民党军吴尚部以为我主力红军已返回井冈山，吓得连夜逃回酃县，王钧等部亦退出宁冈县境。红军以不足1营兵力，击破湘赣国民党军第二次"会剿"。9月上旬，毛泽东率红军主力回师井冈山途中，闻知黄洋界保卫战的胜利，欣然写下著名的《西江月·井冈山》词。

[旅游项目创意开发]

1. 新城大捷旧址可开发实战情景再现供游客观看

2. 井冈山会师广场可组织旅游者参与性体验红军出操、队列训练、阅兵观看等

3. 黄洋界保卫战可增加枪炮声、山上旌旗等模拟实景

4. 可组织游客沙盘作业、召开军事部署会

5. 开展战前动员政治工作战地文艺、散发革命标语
6. 龙源口大捷，打败江西两只“羊”战地观摩
7. 红军战地生活再现体验等

（三）创意开发井冈山红军生活旅游体验线路

军事资源背景

井冈山斗争时期，国民党军对井冈山进行军事“会剿”的同时，实行严密的经济封锁。“食盐、布匹、药材等日用必需品，无时不在十分缺乏和十分昂贵之中。”红军官兵日常吃的是红米南瓜，有时还用野菜充饥。到冬天，红军官兵只穿两件单衣，晚上睡觉盖的、垫的都是稻草。为打破这种困局，毛泽东和前委领导边界人民大力发展农业生产，解决吃饭问题，从军长到伙夫，每人每天只有五分钱的油盐柴菜钱，还要节余一些作零用钱，称为“伙食尾子”。食盐是生活的必需品，由于国民党军的封锁，井冈山的食盐非常缺乏，到 1928 年 10 月，宁冈、永新两县的食盐几乎断绝。边界特委、湘赣边界工农兵政府、红 4 军军委，领导和发动反经济封锁的斗争。为解决食盐的问题，井冈山军民把老墙土刮下来泡在水里，然后熬成又苦又涩的硝盐食用。为解决部队的被服，1927 年 12 月红军在桃寮创办被服厂，生产单衣、帽子、盛米袋、绑腿、子弹袋等。毛泽东亲自为被服厂写厂名。1928 年 7 月，红军将步云山办过的修械所搬迁到茨坪，称红 4 军军械处，有 20 多个工人，用简单的生产工具，为红军修理各种枪支，锻造梭镖、大刀。军械处还负责指导茅坪、大井、黄坳等地红军修械所的生产，同时还为当地农民修理一些农具。军械处处长宋乔生，副处长刁辉林。

1928 年 5 月下旬，边界政府还在井冈山上井村创办造币厂，铸造“工”字银元。造币厂划归湘赣边界工农兵政府防务委员会领导，具体工作由王佐负责。为提高井冈山“工”字银元的信誉，根据地政府在各地设有兑换处，“工”字银元可以兑换“袁大头”银元。凡是持“工”字银元到公卖处购买东西，价格优惠。1928 年 5 月，毛泽东、朱德、陈毅还陪同中共湖南省委巡视员视察造币厂。1928 年 5 月以后，新遂边陲特别区工农兵政府在茨坪、小井等地设立公卖处。为活跃边界赤白贸易，1928 年 7 月 15 日，湘赣边界工农兵

政府还创办宁冈大陇红色圩场，恢复遂川草林圩场。这两个圩场开办后，显得非常活跃。特别是草林圩场，赶集的人最多时一天达到两万人。10月，中共湘赣边界第二次代表大会召开后，作出建设巩固的军事根据地的三大措施：修筑完备的工事；建设较好的医院；储备充足的粮食。1928年12月，湘赣边界红军掀起一场轰轰烈烈的挑粮运动。从宁冈挑粮上山，到茨坪、大小五井，往返近百里，尽是羊肠小道，山高路陡，崎岖不平，还要登上海拔1300余米高的黄洋界哨口。毛泽东、朱德、陈毅等都亲自参加挑粮上山运动。“毛委员背粮上山”，一时传为美谈。“朱德的扁担”的故事，当时就成为湘赣边界军民广为流传的佳话。当时湘赣边界成立防务委员会，负责井冈山军事根据地的防务工作，组织军民联防，修筑哨口工事，组织挑粮和修建红军医院。主任王佐，党代表邓允庭。1928年5～9月，红军官兵还采取捐款的办法，自己动手在小井建起一栋两层楼的红军医院，可容纳300多人，重伤员住楼下，轻伤员住楼上。医院有住院部，设院长、党代表，曹嵘任院长，萧光球任党代表，曾志任党总支书记。下设医务室、护士排、担架排。

自三湾改编以来，毛泽东就创立“支部建在连上”的原则和党代表制度，确立党对军队的绝对领导；规定人民军队的“三大任务”和“三项纪律、六项注意”；首创正规红军、地方赤卫队和暴动队三结合的人民军队体制；实行军民一致、军政一致、官兵一致的建军原则和民主制度，以及正确对待俘虏的政策等。1928年11月中旬至12月中旬，红4军为总结红军建设的经验教训，利用国民党军“会剿”的空隙时机，进行为期一个多月的冬季整训。红4军以军部直属团和营为单位，分别集中于宁冈新城、龙市、茅坪和井冈山茨坪、小行洲等地开展训练，各地的地方武装也参加这次整训。同时，毛泽东和朱德还创造和提出著名的“敌进我退，敌驻我扰，敌疲我打，敌退我追”的“十六字诀”，以及“分兵以发动群众，集中以应付敌人”，“固定区域的割据，用波浪式的推进政策，强敌跟追，用盘旋式的打圈子政策”等一套游击战术原则。1928年4月底，井冈山会师后，在宁冈龙市召开中共工农革命军第4军第一次代表大会，选举产生红4军军委，毛泽东任书记，朱德、陈毅、宛希先、何挺颖、袁文才、何长工等23人为委员。会议研究确定红4军的编制和主要干部配备及建立罗霄山脉中段政权等问题。11月14日，红4军在宁冈新城召开第六次党的代表大会，讨论政治、军事、党务等方面和各种重要问题，选举产生新的红 4 军军委，朱德任书记。1927 年 11 月，毛泽东在宁冈龙江书院建立教导队，第一期培训学员 100 余名，教导队训练的课程，分政治课和军事训练。又在茨坪开办第二期红 4 军军官教导队，培训红军下级军官和地方武装的指挥人员 150 多名。1928 年冬天，在军官教导队的基础上，创办红军的第一所军校——井冈山红军学校，彭德怀任校长。1929 年 1 月，红 4 军离开井冈山，向赣南闽西进军。为统一领导红军的行动，撤销红 4 军军委，红 4 军直属中共井冈山前敌委员会领导。

图 6-5 鹅岭

[旅游项目创意开发]

1. 红军餐（红米饭、南瓜汤等）
2. 红军军官教导队政治课和军事训练体验
3. 红军战地救护情景演练
4. 朱德的扁担故事会
5. 红军被服厂做工体验
6. 步云山练兵场观摩或游客参与练兵
7. 游客挑粮上山
8. 土法熬制硝盐 群众冒死秘密送盐上山给红军

（四）创意开发井冈山开国将帅红军部队探访旅游线路

军事资源背景

井冈革命根据地人物中，1955 年及以后被中华人民共和国授予元帅军衔的5名、大将军衔3名、上将军衔14名、中将军衔22名、少将军衔14名（其中本籍2名）。以上人物中，上将、中将、少将按姓氏笔画排列。

中华人民共和国元帅	朱　德	彭德怀	林　彪
	陈　毅	罗荣桓	
中国人民解放军大将	粟　裕	黄克诚	谭　政
中国人民解放军上将	邓　华	朱良才	杨至成
	杨得志	李聚奎	宋任穷
	张宗逊	陈士榘	陈伯钧
	赵尔陆	萧　克	黄永胜
	彭绍辉	赖传珠	
中国人民解放军中将	王紫峰	王辉球	王恩茂
	毕占云	李寿轩	张令彬
	张国华	杨梅生	周玉成
	欧阳毅	赵　镕	姚　喆
	唐天际	晏福生	曹里怀
	萧新槐	韩　伟	赖　毅
	谭甫仁	谭希林	谭冠三
	谭家述		
中国人民解放军少将	王云霖	王耀南	龙开富
	龙飞虎	龙　潜	刘显宜
	张平凯	张树才	陈云中（本籍）
	郑效峰	资　凤	黄连秋
	曾敬凡	赖春风（本籍）	

红1团

“红1团”诞生于毛泽东领导的秋收起义中。参加中国革命武装斗争的全过程，是中国人民解放军历史最悠久的部队之一。1927年9月29日，在永新县三湾村，毛泽东把起义部队编为工农革命军第1军第1师第1团之1、3营。“红1团”由此得名。

在第二次国内革命战争时期，参加创立井冈山革命根据地和五次反“围剿”的斗争。1928 年 8 月，毛泽东率领红 1 团第 3 营到桂东接应其他部队，第 1 营担任守卫井冈山“五大哨口”之一的黄洋界，凭借险要地势，打败数次国民党军的进攻。为此，毛泽东写下“黄洋界上炮声隆、报道敌军宵遁”的光辉诗篇。这一时期“红 1 团”涌现荣获中央军委红星奖章的杨得志（曾任总参谋长）、符竹庭（后牺牲）、陈正湘（曾任北京军区副司令员）、宋玉琳（曾任北京军区副司令员）等战斗英雄。长征途中，“红 1 团”经常担任中央红军先遣团的光荣任务。一路上，突破 5 道封锁线，飞越天险乌江，抢渡大渡河，攻夺直罗镇，斩关夺隘，势不可当。1935 年 5 月 25 日，红军到达四川大渡河畔安顺场，团长杨得志亲自组织指挥由 2 连连长熊尚林带领的“17 勇士”强渡大渡河，为红军开辟北上抗日的道路，粉碎蒋介石使红军成为历史上“石达开第二”的梦想。从此，“大渡河连”名扬中外。

抗日战争时期，“红 1 团”参加著名的平型关、大龙华、黄土岭、狼牙山等战役、战斗。1939 年 10 月，在晋察南黄土岭战斗中，团 82 迫击炮连击毙日本侵略军“名将之花”阿部规秀中将，这是抗日战场上击毙日军的最高将官。该连被誉为“功臣炮连”。1941 年 9 月 25 日，日本侵略军以数倍于“红 1 团”的兵力向河北易县狼牙地区进行疯狂的“扫荡”。为掩护主力和群众转移，7 连 6 班战士胡福才、宋学义、胡德林在班长马宝玉、副班长葛振林的带领下，于狼牙山棋盘陀一带阻击日军。在弹尽粮绝的情况下，为不暴露主力的转移方向，把日军引向绝路，最后英勇跳崖。创造“五壮士血战狼牙山”的伟大壮举，表现中华民族宁死不屈的伟大气节。

解放战争中，参加著名的辽沈、平津战役和隆化、吉山、密云等几十次重要战斗，涌现李万余等 1059 名全国战斗英雄和一大批一等功以上功臣。1948 年密云战斗，5 连担任尖刀连，在与国民党军激战只剩 1 个排兵力、子弹打完的情况下，与国民党军白刃格斗，38 把刺刀插入国民党军。战后荣获“密云尖刀连”光荣称号。

英雄的部队，孕育英雄的后代。中华人民共和国成立后，在保卫和建设祖国中，又展现新的风采。1968 年在广西国防施工中“狼牙山五壮士连”又涌现出舍生忘死战塌方的新一代“五勇士”。1979 年对越自卫还击战中，“红 1 团”以英勇顽强、前赴后继的革命精神，攻同登、克谅山，歼越军 1932 名，俘越军 37 名，荣立集体三等功。2 营被中央军委授予“攻坚英雄营”称号，

"大渡河连""密云尖刀连"分别被广州军区授予"突击英雄连""探雷攻坚英雄连"称号。周元生等4人被中央军委授予"战斗英雄"称号。全团28个集体、122名个人荣立一等功，78个集体、461名个人荣立二等功，77个集体和1976名个人荣立三等功。1993年3月，"红1团"根据中央军委命令，抽调部分官兵，组建驻港部队步兵旅。

红1连

红1连是井冈山红军在三湾改编时创建的1个红军连队，是红军历史上"支队建在连上"的一面红旗。先后35次获得"先进党支部"的光荣称号，是济南军区命名的"模范党支部"，是集团军树立的"达标先进连"。

红1连队建立内容丰富的革命传统教育阵地——"连史馆"。其中，陈列有战争年代的实物、图表；有当年毛泽东、朱德在一起吃饭用过的菜盆；有红军战士用过的衣物、坐过的凳子；有各个时期连队荣获的锦旗和英模照片；有历任连长、指导员名单。

凡是新干部和新战士来到这个连队，都要参观一次"连史馆"，上一堂"支部建在连上"的井冈山革命传统课，学唱一支"红1连连歌"，并赠送两件宝——《红1连故事集》、针线包。靠继承和发扬井冈山革命传统，红1连在新的历史时期不断创造新的业绩：在对越自卫还击战中，首占支马，智取禄平，强攻迷迈山，荣获集体一等功。建连64年，在连队党员中涌现出6名战斗英雄、16名模范人物。自1954年以来，连队有31任主官被提升到营团以上领导岗位工作。1983年冬，首次举行强渡黄河演习，冒严寒、战巨浪，3次往返均顺利到达彼岸。1991年年初，在师团进行41项军事比赛中，获得37项第一。1991年3月，师部组织调查组，赴广东、湖南、湖北、河南、山东等省，对"红1连"近10年复员转业的68名党员做一次调查。其中在改革开放中作出显著成绩，受到地方党政领导机关表扬的44名，占64.7%；提升为干部的16名，占25%。2010年，连队17名党员，个个都是连队建设的旗帜，其中5名是团里的标兵。

红28团和31团

井冈山斗争时期的红4军主力，共有4个团：红28团、红29团、红31团、红32团。红29团在1928年"八月失败"时溃散，随后建制取消。红32团（袁文才、王佐部队）在1930年2月因袁、王被错杀而自然解体。红28

团、红31团建制保存完好，在土地革命战争、抗日战争和解放战争中转战南北，战功卓著。中华人民共和国成立后，分属有关大区和野战部队，在保卫社会主义现代化建设中发挥重要作用。

图6-6 泰井高速

[旅游项目创意开发]

1. 将帅当年青春时龙门阵
2. 寻找井冈山红军部队
3. 井冈山的同志们照片上的军史
4. 读红色书籍、看红色影视、知军史经典

附件 1 江西省关于大力发展红色旅游的若干意见

为深入贯彻落实党中央、国务院关于积极发展红色旅游的指示和《2004—2010 年全国红色旅游发展规划纲要》精神，实施好《江西省红色旅游发展纲要》，努力把我省红色旅游产业做大做强，促进全省旅游产业和经济社会全面快速健康发展，特提出如下意见。

一、深刻认识发展红色旅游的重大意义

1. 发展红色旅游，是巩固党的执政地位的政治工程，是弘扬伟大民族精神、加强青少年思想道德教育、建设社会主义先进文化的文化工程，是促进革命老区经济社会发展、提高群众生活水平的经济工程。江西是全国著名的革命老区，在中国革命史上具有重要地位。以中国革命摇篮井冈山、人民共和国摇篮瑞金、人民军队诞生地南昌、中国工人运动策源地安源等为代表的著名革命圣地，以其彪炳史册的革命胜迹和光耀千秋的革命精神所形成的“红色摇篮”主题形象，是中国红色文化中的璀璨瑰宝。进入 21 世纪以来，江西省率先发展红色旅游，效果好，影响大，对全省旅游产业和经济社会的发展做出了积极的贡献。当前，全国红色旅游方兴未艾，我们要抓住有利时机，努力实现江西省红色旅游更快更好地发展。各级党委、政府要统一思想认识，把发展红色旅游作为重大的政治工程、文化工程、经济工程，列入重要工作议程，加强领导，重点支持，抓紧抓好。

二、进一步明确发展红色旅游的总体思路和目标

2. 总体思路：以邓小平理论和“三个代表”重要思想为指导，用科学发展观统揽全局，遵循现代旅游产业发展的规律，以爱国主义教育基地为主要载体，通过政府组织引导、社会广泛参与和市场高效运作，全面提升红色旅游品质，大力塑造主题形象，使江西“红色摇篮，绿色家园”品牌唱响中华，走向世界。将发展红色旅游与弘扬井冈山精神、提升江西整体形象结合起来，带动全省绿色、古色旅游的发展，为促进全国红色旅游和江西省经济社会持续快速健康发展做出新的更大的贡献。

3. 总体目标：从 2006 年起用 2 年时间高标准建设好一批重点红色旅游区，打造出一批在国内具有影响力的红色旅游精品，把江西省建成红色旅游强省；再用 3 年时间将“红色摇篮，绿色家园”打造成为具有国际影响力的旅游品牌，使江西省主要红色旅游区成为国内外旅游热点，使红色旅游产业成为推动革命老区经济社会发展的强大动力。“十一五”期间，全省红色旅游接待人数和综合收入每年以 30% 左右的速度增长。

三、切实抓好发展红色旅游的重点工作

4. 完善全省红色旅游发展总体布局。遵循以红色旅游为龙头，各种旅游相融合，促进旅游产业全面发展的原则，在《2004—2010 年全国红色旅游发展规划纲要》中明确的江西红色旅游“四线五区”和《江西省红色旅游发展纲要》中提出的“一个龙头、四个基点、两个集散中心、六条精品线路”基础上，再培育一批省级红色旅游经典景区（点），形成以井冈山红色旅游区为龙头，以南昌、瑞金、萍乡、上饶红色旅游区为基点，以省级红色旅游经典景区（点）为主要连接点，以南昌、赣州、吉安、九江、上饶为集散中心，

以江西红色旅游金牌线路和赣南、赣西、赣东、赣西北、赣东北红色旅游精品线路为主干，促进和带动全省红色、绿色、古色旅游全面发展的总体格局。

5. 搞好红色旅游区的规划建设。按照重在保护、科学利用、全面规划、分步实施的要求，根据国家发展红色旅游工作安排，积极牵头组织编制好《湘赣闽红色旅游区规划》；高起点、高水准编制好《江西省红色旅游发展专项规划》和井冈山、南昌、瑞金、萍乡、上饶红色旅游区发展规划以及重点建设项目规划。加强红色旅游规划管理，规范规划编制和评审程序，强化规划执行力度，提高规划的权威性、前瞻性和可操作性，确保红色旅游开发建设优质、高效、有序。要尽快将井冈山打造成中国红色旅游中心，建设好井冈山革命历史博物馆；将南昌、瑞金、萍乡、上饶等重点红色旅游区建设成有影响力的红色旅游目的地。其他红色旅游景区也应按精品的要求，搞好规划，加快建设。

6. 改善红色旅游基础设施。要全面提高红色旅游城市（景区）的可进入性和参观游览的安全性、舒适性。按照《江西省重点红色旅游景区建设方案》，加强干线公路与红色旅游景区间公路和景区游步道、供电、消防、环卫、给排水等设施建设，进一步改善红色旅游区的基础条件；争取民航部门根据旅游客源情况，适时增开更多的航线、航班和旅游包机；争取铁路部门增开江西省红色旅游城市与省外主要城市的始发客车和旅游列车；根据市场需求，合理建设与红色旅游城市（景区）相协调的住宿餐饮设施。

7. 加快红色旅游精品开发。坚持市场导向，加强资源整合，突出产品特色，提升产品品位。用红色精神感染人，用绿色美景留住人，用古色文化陶冶人，使红色、绿色、古色旅游相互融合，相互促进。努力把具有江西特色的红色摇篮、长征之路、工人运动、秋收起义等打造成旅游精品。联合中央有关部门和兄弟省市，精心办好各项红色旅游重大活动。各重点红色旅游区应根据自身历史文化特点，组织推出红色文化主题活动，并作为具有特色文化内涵的旅游项目，打响品牌，使红色旅游活动更加丰富多彩，增强对游客的吸引力和感染力。

8. 扩大红色旅游商品产销。鼓励各种经济主体从事红色旅游商品的研制、开发、生产和销售。加快建设红色旅游工艺品、文化用品、旅游食品等生产基地，生产适销对路的“名、优、特、奇、新”红色旅游商品；积极发展红色旅游商品销售网点，在主要红色旅游城市（景区）建立旅游购物中心；兴建风情浓郁的特色餐馆，大力挖掘和推出反映红色文化的特色菜肴，满足广大游客的需求，使红色旅游商品产销和饮食消费的增长高于接待人数的增长。

9. 加强红色旅游宣传推广。突出“红色摇篮，绿色家园”主题，建立政府引导、企业为主、部门协调、形式多样的宣传促销机制，共同塑造江西红色旅游整体形象。各级党委、政府和有关部门要把宣传江西红色旅游，作为宣传工作的重要组成部分。各种传媒要以灵活多样的形式，将整体形象列为公益广告进行宣传，进一步加大对红色旅游的宣传促销力度。各红色旅游景区景点要突出特色，积极宣传推广，形成全方位的宣传促销格局。加快红色旅游信息化建设，增强网上推介、网上招商、网上预订等功能，提升江西省红色旅游现代化服务水平。

10. 规范红色旅游经营行为。加强红色旅游市场管理，维护市场秩序，规范经营行为，按照市场化运作方式搞好红色旅游接待服务。省旅游和保险监管部门要加强对旅游保险工作的监管和指导。旅行社要严格按照国家有关法律法规，投保旅行社责任险，引导旅游者购买意外保险。各部门、各单位在组织开展红色旅游活动时，要自觉遵守红色旅游市场化运作规则，积极为革命老区经济社会发展做贡献。

11. 强化安全防范和信息预报体系建设。加强防范，规避风险。按照“谁主管、谁负责”的原则，各相关部门要切实增强安全意识，认真落实安全责任制，加强对红色旅游运载、游览、娱乐等设施的安全检查和监督，健全和完善旅游安全预警和紧急救援机制。重点做好旅游高峰期和重点旅游区社会治安、交通安全、消防安全、气象预报、卫生防疫、健康保障和紧急救援工作。加强红色旅游信息的统计、报送、发布工作，及时掌握红色旅游发展情况，搞好旅游旺季热点红色旅游区游客的分流，确保红色旅游良好的秩序和质量。严格大型旅游活动的安全许可审批。

12. 加强红色旅游人才队伍建设。把旅游教育培训作为发展红色旅游的基础工程来抓。广泛吸收社会各界有志于从事红色旅游事业的人才加入到服务队伍中来。全面开展导游人员资格认证、等级考试和“创先争优”活动，加强旅游从业人员尤其是景区管理人员、导游人员的思想素质和专业技能培训，规范导游解说，提高景区管理和导游服务水平，实现红色旅游服务向专业化、规范化、艺术化和人性化方向发展。

四、加快红色旅游发展的体制机制创新

13. 理顺红色旅游景区管理体制。积极推进红色旅游景区管理体制改革，改变条块分割和规划不统一、管理不到位、经营不规范的状况。规模较大的红色旅游景区按照精简效能的原则，设置综合管理机构，统一行使管理职能。红色旅游资源比较丰富的市县区，要遵循资源与市场结合、保护与开发统一的原则，逐步建立起旅游资源和产业管理一体化的旅游行政管理体制。各相关部门和单位要为理顺红色旅游景区管理体制创造有利条件。

14. 创新红色旅游经营体制。充分运用市场机制，鼓励多元化投入。积极引进大企业、大集团参与红色旅游景区开发建设和经营管理，引导社会各种经济主体参与红色旅游开发经营。以市场为导向，以资产为纽带，组建跨地区、跨行业、跨所有制的新型红色旅游企业。通过国有旅游资产的整合、重组、改制，发展以红色旅游景区开发建设和经营管理为主业的综合性大型旅游企业集团。

15. 加强红色旅游区域合作。全省各红色旅游景区要增强合作意识，加强沟通交流，联合编制旅游规划，编排旅游线路，开拓旅游市场，提高服务质量。要主动与兄弟省市特别是“长珠闽”地区和中心城市互动对接，积极构建无障碍旅游合作区，共同发展跨周边省市的红色旅游精品线路，形成资源共享、产品互补、市场互动、客源互流的多赢发展格局。

五、加大对红色旅游发展的政策扶持力度

16. 加大政府导向性投入。积极争取国家红色旅游发展专项资金。设立省级红色旅游发展专项资金。严格红色旅游发展专项资金使用管理，确保专款主要用于红色旅游的规划编制、宣传促销、人才培训、奖励先进、重点景区基础设施建设和商品开发贷款贴息等。红色旅游重点市县区也应根据财力情

况，安排红色旅游发展专项资金。在红色旅游景区乡村公路建设、村镇规划建设、扶贫开发等专项资金的安排使用，应尽可能与发展红色旅游结合起来。国家开发银行可结合自身职能，在红色旅游设施建设等方面给予政策性贷款支持。鼓励各类商业银行对红色旅游提供金融支持。

17. 实行扶持优惠政策。对投资红色旅游项目，当地政府可比照招商引资政策办理。对红色旅游区内的星级饭店按实际安装终端数的70%收取有线电视收视费。全省各主流媒体要积极开辟江西红色旅游整体形象宣传栏目，对红色旅游产品宣传广告实行适当的优惠价格。省气象局和江西卫视应在日常天气预报节目中做好红色旅游区天气预报，各旅游区气象台和各地电视台也应做好红色旅游景点天气预报。

18. 合理安排红色旅游产业建设用地。在土地利用总体规划和年度土地利用计划中，优先安排红色旅游开发建设用地。使用城市规划区和风景名胜区规划区外的土地，免征城市基础设施配套费。

19. 充分利用红色文化资源开展思想政治教育活动。各级党群组织和各类学校，应充分利用红色文化资源，开展思想政治工作和思想道德建设。要认真贯彻落实中央关于进一步加强和改进未成年人思想道德建设和大学生思想政治教育的有关规定，对青少年参观游览提供便利条件。各级教育行政部门要将红色旅游作为青少年学生思想道德教育的重要课堂，共青团、工会和妇联要将红色旅游作为思想政治教育的重要形式，鼓励企事业单位将红色旅游与本单位文化建设相结合。

六、加强对发展红色旅游工作的组织领导

20. 成立江西省红色旅游工作领导小组，统一领导全省发展红色旅游工作，及时协调解决红色旅游发展中的重大问题。领导小组办公室设在省旅游局，负责日常工作。省红色旅游工作领导小组要把加快红色旅游发展的目标和任务，分解细化到省直各相关部门和各市县区。领导小组各成员单位要按照分工，认真履行职责。各设区市和红色旅游资源丰富的市县区，要建立加快红色旅游发展目标责任制，切实把各项工作落到实处。

附件 2　江西省红色旅游发展规划（2013 ~ 2017 年）

江西是著名的革命老区，发展红色旅游，对江西和全国都具有特殊的重要意义。21 世纪以来，特别是《江西省人民政府关于批转江西省红色旅游发展纲要的通知》（赣府发〔2004〕34 号）、《中共江西省委、江西省人民政府关于大力发展红色旅游的若干意见》（赣发〔2006〕5 号）印发以来，各级党委和政府对红色旅游的发展高度重视，社会各界积极参与，红色旅游持续健康发展并引领全国。实践证明，红色旅游是全国各族人民坚定中国特色社会主义共同理想信念的政治工程，是弘扬民族精神和时代精神、加强思想道德建设的文化工程，是促进革命老区经济社会发展的富民工程、民心工程，对于构建社会主义核心价值体系、建设社会主义和谐社会，具有十分重要的意义。为进一步贯彻落实《中共中央办公厅、国务院办公厅关于印发〈2011—2015 年全国红色旅游发展规划纲要〉的通知》（中办发〔2011〕10 号），推动全省红色旅游持续稳定、健康发展，夯实建设旅游强省的基础，特制定本规划，规划期限为 2013 ~ 2017 年。

一、规划背景

（一）发展优势

1. 红色旅游资源丰富，品牌优势明显

江西红色旅游资源极为丰富，在全省各地分布着大量的革命胜迹、旧址和纪念物，有 14 处国家级爱国主义教育示范基地和 79 处省级爱国主义教育示范基地，拥有中国革命摇篮井冈山、人民共和国摇篮瑞金、人民军队诞生地南昌、中国工人运动策源地安源等为代表的著名革命圣地，是中国红色文化中的璀璨瑰宝。近年来，江西红色旅游发展速度进一步加快，品牌进一步打响，取得了良好的经济和社会效益，江西已经成为全国红色旅游的排头兵、模范兵，推动了全国红色旅游的持续健康发展。

2.“红、绿、古”交相辉映，发展前景广阔

江西旅游资源丰富，种类多、品位高，拥有国家旅游资源标准分类八大类 155 种基本景观中的 153 种。全省有 4 处世界遗产，4 处世界地质公园，14 个国家级风景名胜区，11 个国家级自然保护区，15 个国家湿地公园，45 个国家森林公园，22 个国家级水利风景名胜区。“红、绿、古”是江西旅游的鲜明特征，构成了江西独特的旅游资源优势，省内的红色旅游资源又大多与绿色旅游资源、古色旅游资源有机融合，相映生辉，对发展红色旅游十分有利，前景广阔。

3. 基础设施不断完善，发展基础较好

近年来，江西高标准、高质量地建成了井冈山革命博物馆、八一起义纪念馆、上饶集中营革命烈士纪念馆、瑞金中央革命根据地纪念馆、苏区干部好作风陈列馆等一批红色纪念场馆。改善了全国红色旅游第一批经典景区内旅游公路、游步道，公厕、游客服务中心等基础设施条件，丰富了相关景区景点的内涵，提升了相关景区景点的旅游接待水平，为全省红色旅游的发展奠定了扎实的基础。

4. 区位条件优越，客源市场潜力大

江西地处沿海腹地，紧邻长江三角洲、珠江三角洲与闽东南三角区，是唯一能同时接受三大经济区直接辐射的省份，客源市场前景十分广阔。近年来，江西大力推进铁路、机场等交通设施建设，基本形成了完善的水、陆、空交通网络，极大地提高了江西的通达能力。截至 2012 年年底，全省高速公路通车里程达 4260 公里，“四纵四横”高速公路主骨架已基本建成，实现了 100% 的乡镇和建制村通水泥（沥青）路、100% 的乡镇和 91.4% 的建制村通班车。交通条件的改善，又进一步提升了江西承东启西、联南络北的区位优势。

5. 上下形成共识，社会各界广泛参与

21 世纪以来，省委省政府高度重视发展红色旅游，在全国率先提出红色旅游概念，在全国率先出台《江西省红色旅游发展纲要》《关于大力发展红色旅游的若干意见》，从 2005 年起每年举办中国（江西）红色旅游博览会，从 2006 年起每年举办中国红歌会，将红色旅游作为旅游业的发展重点纳入全省经济社会发展总体规划，专门成立了省红色旅游工作领导小组，各重点红色旅游市（县、区）也成立了相应的机构。与此同时，随着红色旅游吸引力和影响力不断增强，广大群众参与红色旅游的热情日益高涨，群众基础扎实。红色旅游景区的游客来源已由过去的单位组织为主，逐渐转变为单位组织和游客自主出游并重；老区群众通过大力开发红色旅游商品，提供餐饮、住宿等多样化旅游服务，已经把参与红色旅游发展作为脱贫致富的一种重要途径；政府导向性投入和系列优惠政策极大地调动了社会资本投资红色旅游产业的积极性。通过十几年的探索和实践，加快发展红色旅游已经成为全省上下的共识，“政府推动、市场运作、社会广泛参与”的格局已经形成。

（二）发展机遇

1. 产业体系更加完善

“十一五”期间，江西省旅游业发展保持了两位数增长，高于全国平均增速，成为我国新兴旅游热点地区之一。全省旅游年接待总人数由 2005 年的 5095.1 万人次增加到 2012 年的 2.05 亿人次，年均增长 22.50%，其中：红色旅游年接待人数由 2005 年的 1760 万人次增加到 2012 年的 7150 万人次，年均增长 23.45%；旅游总收入由 2005 年的 320 亿元增加到 2012 年的 1400 亿元，年均增长 23.12%，其中：红色旅游总收入由 2005 年的 110 亿元增加到 2012 年的 560 亿元，年均增长 28.43%。旅游住宿餐饮、旅游商品产销、旅行社、旅游交通、旅游文娱等旅游产业体系日趋完善，从业人员队伍不断壮大，经营管理和服务水平不断提高，成为江西红色旅游发展的重要支撑。

2. 消费市场更加活跃

随着人民生活水平不断提升，大众消费将成为未来社会消费的主流，而旅游作为大众消费的重要组成部分，其大众性消费已成大势，发展前景广阔。同时，旅游是青少年普遍喜欢参与的时尚型、文化性的高层次生活消费活动，通过开展红色旅游活动，可以将革命历史知识、革命传统和革命精神以旅游的方式传输给广大青少年，潜移默化，行之有效，受到广大家长的欢迎。

3. 政策环境更加有利

各级党委、政府高度重视旅游业的发展，《国务院关于加快发展旅游业的意见》（国发〔2009〕41 号）、《中共江西省委、江西省人民政府关于加快旅游产业大省建设的若干意见》（赣发〔2009〕10 号）等一系列支持旅游发展政策措施的出台，为旅游业快速发展提供了良好的政策环境。特别是《国家发展改革委、国家旅游局等 14 部委印发关于进一步促进红色旅游健康持续发展的意见的通知》（发改社会〔2008〕2464 号）、《中共中央办公厅、国务院办公厅关于印发〈2011—2015 年全国红色旅游发展规划纲要〉的通知》（中办发〔2011〕10 号）明确提出将进一步加大对红色旅游的支持力度，我省列入《全国红色旅游经典景区二期总体建设方案》（发改社会〔2012〕1654 号）的项目个数、总投资及中央安排的补助投资规模位居全国前列，为江西红色旅游的发展提供了强有力的政策支持。

（三）面临的挑战

1. 红色旅游内涵挖掘不深

受红色资源影响，各地红色旅游发展不平衡，一些干部群众对新形势下发展红色旅游的意义认识仍然不足，对红色旅游内涵的挖掘仍然不深。许多红色旅游景区基础设施仍比较薄弱，纪念场馆陈列设施落后，展陈内容雷同，主题特色不够集中、突出，大多以展示形式为主，方式单调，缺乏现代声光电技术和观众参与项目，难以有效引发观众兴趣。红色旅游产品（包括景区、线路）与“贴近历史、贴近生活、贴近大众”的需求之间还有一定的距离，有些景点开展了一些参与性活动，但多数还是停留在化装拍照、观赏节目、饭菜品尝等浅层次上，缺乏对革命文化、军事文化、战争文化等红色文化内涵的深层挖掘。受研究力量、现有资料和历史时间的推移等原因的影响，对井冈山、苏区等精神内涵的深入研究与挖掘整理还不够。

2. 红色资源保护利用难度较大

由于江西省红色资源极其丰富，保护任务繁重，保护经费的投入与现实需求之间仍然存在较大的差距。受资金不足影响，一些革命旧址，多为土木结构，年久失修，破损较为严重，保护难度较大；部分红色文物由于缺乏收购经费，至今仍散落在民间，难于有效保护和管理。

3. 红色旅游产业化程度不高

从开发方式来看，江西部分红色旅游景区景点开发比较粗放，吸引和感染游客的力度还需进一步加强。从客源市场来看，江西红色旅游主要的客源为国内游客，国际市场还需加快开拓，红色旅游经济增长的质量和效果有待进一步提高，社会和经济功能需进一步强化。从产业延伸来看，江西红色旅游虽然已初步形成了产业体系，但产业化程度不高，围绕旅游经济各要素形成的专业性企业还不多，部分地区旅游产业链条还不完整。

二、总体要求

（一）指导思想

高举中国特色社会主义伟大旗帜，以邓小平理论和“三个代表”重要思想、科学发展观为指导，以社会主义核心价值体系建设为根本，以爱国主义和革命传统教育为主题，紧紧围绕“发展升级、小康提速、绿色崛起、实干兴赣”的总要求。遵循旅游产业发展规律，通过政府组织引导、社会积极参与和市场有效运作，统筹规划，整合资源，继续加强红色旅游经典景区建设，加强革命历史文化遗产有效保护和合理利用，深入挖掘红色旅游思想文化内涵，不断丰富发展内容，积极创新发展方式，全面提升服务质量，逐步完善产业体系，进一步增强红色旅游的时代感和现实感，增强吸引力和感染力，增强发展后劲和活力，最大限度发挥其政治效益、社会效益和经济效益。

（二）基本原则

1. 坚持社会效益与经济效益相结合

发展红色旅游要与弘扬民族精神和时代精神、加强爱国主义和革命传统教育相结合，与加强和改进思想道德建设相结合，与保护和利用革命历史文化遗产相结合，充分发挥红色旅游教育功能。同时，要与富民工程相结合，推动红色旅游与其他产业融合发展，使红色旅游成为推进城镇化和社会主义新农村建设、促进产业结构调整和区域协调发展、带动革命老区脱贫致富的有效途径。

2. 坚持发展事业与壮大产业相结合

科学区分红色旅游事业与旅游产业的性质，正确处理好两者关系，在最大限度地发挥红色旅游的政治效益、社会效益的基础上，注重遵循旅游产业发展规律，充分发挥市场在资源配置中的基础性作用，将红色旅游资源优势转化为产业优势，进一步壮大产业规模，加快形成红色旅游产业体系。

3. 坚持有效保护与有序开发相结合

始终坚持科学规划、合理利用，正确处理保护与开发的关系，在保护的前提下合理利用，在利用中加强保护，推进发展红色旅游与有效保护革命文物相结合，与资源保护和生态建设相结合，努力走出一条“有效保护、有序开发、科学利用、保护与开发并举”的可持续发展之路。

4. 坚持统筹规划与突出重点相结合

立足经济社会发展全局，注重与城乡建设、交通建设、环境保护、遗产保护和风景名胜资源保护等工作的衔接，注重与绿色、古色旅游的融合，注重与跨行政区域的红色旅游景区的联合，重点打造不同历史时期代表性强、吸引力大、影响广泛、群众满意的红色旅游经典景区。

5. 坚持实事求是与开拓创新相结合

保持革命历史文化遗产及其历史环境风貌的真实性和完整性，对现有历史遗存以保护修缮和改善基础设施为主；新建设施要严格履行国家规定的审批程序，合理确定建设规模，朴素实用，力戒奢华，避免大拆大建和重复建设。要立足自身实际，勇于开拓创新，不断挖掘和丰富文化内涵，鼓励在体制机制、制度措施、规范管理等方面积极创新探索，全面提升红色旅游发展质量，增强红色旅游发展活力与后劲。

6. 坚持政府引导与社会参与相结合

打破部门分割，整合资源，充分发挥各级政府、社会各界和广大群众的积极性、创造性，广泛利用社会资源，走开放式发展之路。强化政府在红色旅游公共基础设施建设、市场监管、公共服务等方面的职责。经营性项目实行市场化运作，鼓励社会各界共同参与红色旅游景区的建设经营，创新红色旅游产业发展方式，增强发展能力，完善产业体系，全面推进红色旅游产业转型升级。

（三）发展目标

1. 总体目标

到 2017 年，列入全国红色旅游经典景区名录的 44 个重点景区基础设施和环境面貌全面改善，重要革命历史文化遗产得到有效保护，红色旅游宣传展示和研究能力明显增强，配套服务更加健全，广大人民群众参与红色旅游的积极性和满意度显著提升，综合效益更加突出。江西成为红色旅游与其他旅游融合发展的示范区、国内外红色旅游首选地和中国红色旅游强省，继续引领全国红色旅游发展。

2. 品牌创建目标

到 2017 年，红色旅游成为江西省形象窗口和“江西风景独好”旅游品牌形象的重要内容，江西“红色摇篮，绿色家园”成为具有国际影响力的旅游品牌，井冈山、瑞金建设成为全国红色旅游示范区，南昌、井冈山、瑞金建设成为国内一流、国际著名的红色旅游目的地，萍乡、上饶建设成为国内著名、国际知名的红色旅游目的地。其他列入全国红色旅游经典景区名录的重点景区建设成为省内著名、全国知名的红色旅游景区景点。

3. 经济效益目标

到 2017 年，全省红色旅游接待人数突破 1.9 亿人次，预计占全省旅游接待人数的 40% 左右；红色旅游综合收入达到 1900 亿元，预计占全省旅游综合收入的 40% 左右。

4. 社会效益目标

江西红色旅游成为弘扬井冈山精神、苏区精神、九八抗洪精神的重要途径，成为江西省形象窗口和旅游品牌的重要载体，成为促进就业再就业和农民增收的重要渠道，成为老区人民脱贫致富的重要产业。到 2017 年带动直接就业 70 万人，间接就业 300 万人；参与红色旅游的群众人均年增收 800 元以上。

三、总体布局

全省红色旅游按照“一个核心、二个示范区、五大片区、六条精品线路”和红色、绿色、古色、蓝色旅游有机结合的原则进行总体布局。

（一）一个核心

一个核心即南昌市，是江西红色旅游的主要集散地。空间范围主要包括南昌市东湖区、西湖区、新建县，共 2 区 1 县。以南昌八一起义等重大历史事件为主线，重点完善和提升新建县小平小道景区，构建以南昌八一起义纪念馆、新建县小平小道为代表，以八一广场、南昌新四军军部旧址、江西省革命烈士纪念堂、方志敏烈士墓为重要内容的南昌红色旅游区，将红色旅游融入革命历史文化名城和南昌花园城市中，进一步提升英雄之城形象。

（二）两个示范区

1. 井冈山红色旅游示范区

突出中国革命摇篮的主题和革命胜地与秀丽风光相结合的特色，重点加强井冈山革命遗址群、井冈山革命博物馆等革命精神展示区的作用，进一步弘扬和提升伟大的井冈山精神，将井冈山打造成“全国红色旅游的首选地、中国信念的精神高地、中外驰名的特色生态山城、中国一流的旅游胜地、全国红色旅游精品城市、国际知名的山地休闲与养生度假地”。

一是在革命斗争精神传承方面将井冈山打造成为全国红色旅游示范区。积极发挥井冈山干部学院、全国青少年井冈山革命传统教育基地等培训机构在开展红色教育培训和党性教育方面的作用，让井冈山成为红色文化传承创新先行示范区、党性教育活动教学实践地。通过广大游客参与“吃一顿红军套餐、听一堂革命传统教育课、走一段红军小路、祭扫一次红军烈士墓、唱一首红色歌曲、看一场红色经典歌舞”的旅游活动，将红色旅游与革命传统教育紧密结合起来。

二是在旅游产业发展方面将井冈山打造成为全国红色旅游示范区。充分利用井冈山丰富独特的旅游资源，在红色旅游与绿色旅游融合发展上成为全国的示范。发挥大型实景演出《井冈山》等舞台艺术精品的作用，加强井冈山革命旧居旧址群的保护和红色文化内涵的提升，在红色旅游与红色文化融合上成为全国的示范。大力推动红色旅游和其他旅游市场主体相结合，培育一批以红色旅游为主营业务的旅游企业，加快推进井冈山旅游股份有限公司上市，在红色旅游产业体系上成为全国的示范。

三是在富民工程方面将井冈山打造成为全国红色旅游示范区。进一步推动老区群众参与提供红色旅游餐饮、住宿等多样化旅游服务，增加当地居民收入，促进革命老区经济社会发展，在红色旅游富民工程上成为全国的示范。

四是在景区建设和行业管理方面将井冈山打造成为全国红色旅游示范区。按照国家5A级旅游景区和全国文明风景旅游区的标准，进一步完善景区的综合服务功能，强化景区管理水平和服务质量的标准化、规范化和制度化，在红色旅游景区建设和管理上成为全国的示范。

2. 瑞金红色旅游示范区

突出共和国摇篮的主题和红色故都与客家风情相结合的特色，重点加强瑞金市中央苏区革命遗址群、瑞金中央革命根据地纪念馆等革命精神展示区的作用，进一步弘扬和提升伟大的苏区精神。

一是在苏区精神传承方面将瑞金打造成为全国红色旅游示范区。加强苏区精神和中央苏区历史的宣传推介，扩大苏区精神的影响力。推进中央国家机关在瑞金设立干部教育培训基地。建立完善以瑞金沙洲坝、叶坪、云石山、大柏地革命旧址群为龙头的爱国主义教育基地集群，成为全国各级各地党员干部、青少年开展爱国主义和革命传统教育的首选课堂和示范地。

二是在红色文化遗产保护传承方面将瑞金打造成为全国红色旅游示范区。实施瑞金革命遗址保护规划，加强革命遗址、烈士纪念设施等保护和修缮，提升革命旧居旧址遗迹的展览展示水平，在红色文化遗产保护传承方面成为全国的示范。

三是在旅游扶贫方面将瑞金打造成为全国红色旅游示范区。加快建设瑞金红色旅游扶贫示范区，形成以红色旅游开发为载体，以多层面旅游扶贫参与主体、多元化旅游扶贫协作部门、多渠道旅游扶贫手段为特色的旅游扶贫模式，在红色旅游扶贫方面上成为全国的示范。

四是在红色与绿色、古色旅游资源融合方面将瑞金打造成为全国红色旅游示范区。推进瑞金共和国摇篮创建国家5A级旅游景区，瑞金罗汉岩风景名胜区申报国家级风景名胜区，加强赣江源自然保护区生态旅游建设，加大对粜米巷历史文化街区、九堡密溪古村的保护和开发力度，进一步挖掘旅游文化资源，在红色与绿色、古色旅游资源融合方面成为全国的示范区。

（三）五大片区

1. 赣中南红色旅游区

主要包括吉安市青原区、井冈山市、吉水县、永丰县、泰和县、永新县，共1区1市4县。以井冈山革命斗争等重大历史事件为主线，重点抓好井冈山全国红色旅游示范区创建，通过强化旅游资源整合力度，串联其他旅游景点，构建以井冈山革命博物馆为代表，以东固革命根据地纪念馆、东固革命根据地旧址群、井冈山革命旧址群、三湾改编旧址、泰和革命烈士纪念馆、泰和马家洲集中营为重要内容的赣中红色旅游区，将红色旅游融入井冈山绿色生态和吉安庐陵文化中，推进“红蓝绿古”四色旅游协调发展。

2. 赣南红色旅游区

主要包括赣州市章贡区、瑞金市、信丰县、大余县、兴国县、于都县、宁都县、会昌县、石城县、寻乌县，抚州市资溪县、黎川县、南丰县、广昌县、乐安县、宜黄县，共1区1市14县。以创建中央革命根据地、中华苏维埃共和国建立、“反围剿”斗争等重大历史事件为主线，围绕红色文化传承创新区、全国著名的红色旅游目的地建设，重点抓好瑞金全国红色旅游示范区创建，构建以瑞金中央革命根据地纪念馆、中央苏区反“围剿”战争纪念馆等为代表，以兴国将军纪念园、兴国县烈士陵园、赣州市革命烈士纪念馆、南方红军三年游击战旧址及纪念馆、会昌粤赣省委旧址群、寻乌调查旧址、中央红军长征第一渡旧址群、于都县革命烈士纪念馆、石城狙击战纪念园、广昌驿前红三军团宿营地、南丰县康都会议旧址、黎川县闽赣省旧址、资溪县下张党支部旧址、宜黄县第四次反围剿纪念亭、乐安县大湖坪改编旧址等为重要内容的赣南红色旅游区，打造以红色精神为主题，客家风情为底蕴的赣南红色经典旅游圈。

3. 赣西红色旅游区

主要包括宜春市铜鼓县、上高县、万载县，萍乡市安源区、芦溪县、莲花县，新余市渝水区和九江市修水县，共 2 区 6 县。以安源路矿工人运动、秋收起义等重大历史事件为主线，构建以秋收起义纪念地系列景点、安源路矿工人运动纪念馆等为代表，以罗坊会议纪念地、芦溪县卢德铭烈士陵园、莲花一支枪纪念馆、万载县湘鄂赣革命根据地旧址、上高抗日会战旧址等为重要内容的赣西红色旅游区，通过与温泉养生、高原草甸风光的结合，着力将红色融入赣西绿色精粹旅游圈。

4. 赣东北红色旅游区

主要包括上饶市信州区、玉山县、铅山县、横峰县、弋阳县，景德镇市浮梁县、乐平市，鹰潭市余江县，共 1 区 1 市 6 县。以创建赣东北模范苏区、中国工农红军北上抗日等重大历史事件为主线，围绕闽浙皖赣革命根据地，主动融入鄱阳湖生态旅游区建设，构建以闽浙皖赣革命根据地旧址群、中国工农红军北上抗日先遣队纪念馆（碑）为代表，以上饶集中营革命烈士陵园、方志敏纪念馆、石塘镇新四军整编旧址、新四军瑶里改编及程家山旧址、红十军建军旧址、赣东北革命委员会旧址、余江县血防纪念馆等为重要内容的赣东北红色旅游区，依托世界自然遗产三清山、龙虎山、龟峰和千年瓷都景德镇、“中国最美乡村”婺源等，着力打造世界知名、国内一流的生态旅游目的地。

5. 赣北红色旅游区

主要包括九江市浔阳区、共青城市、庐山，共 1 区 1 市 1 管理局。突出以庐山会议、九八抗洪等重大历史事件为主线，紧紧围绕中国共产党在 1949

年以后，在带领人民不断前进的征程上所留下的奋斗足迹、所创造的丰硕成果为主题，构建以庐山会议旧址及领袖旧居群、九八抗洪精神教育基地为代表，以共青城创业史陈列馆等为重要内容的赣北红色旅游区，依托世界文化遗产庐山和鄱阳湖、柘林湖等重要水域，着力打造赣北滨水环湖旅游圈。

（四）六条精品线路

科学布局线路产品，加快打造红色旅游精品线路体系。建设一条中国（江西）红色旅游极品旅游线路，努力使其成为在国内外旅游市场上具有很强影响力和吸引力的红色旅游龙头产品，对全省旅游发展产生辐射力与带动力。建设赣东南共和国摇篮之旅、赣北环鄱阳湖之旅、赣东北峰林丰碑之旅、赣中南革命摇篮之旅、赣西绿色精粹之旅五条红色经典旅游线路，努力使其成为在国内外旅游市场上具有较强影响力和吸引力的红色旅游拳头产品，发挥对全省旅游发展的支撑与带动作用。

1. 一条极品红色旅游线路

中国（江西）红色旅游极品旅游线：南昌—吉安—井冈山—赣州·兴国—于都—瑞金—广昌—南丰—抚州—南昌。

2. 五条红色经典旅游线路

（1）赣东南共和国摇篮之旅红色经典旅游线：赣州—兴国—宁都—广昌—石城—瑞金—会昌—寻乌—于都—大余—信丰—赣州。

（2）赣北环鄱阳湖之旅红色经典旅游线：南昌（东湖·西湖·新建）—共青城—九江·浔阳—庐山—景德镇（乐平·浮梁）—弋阳·龟峰—龙虎山·余江—南昌。

（3）赣东北峰林丰碑之旅红色经典旅游线：南昌（东湖·西湖·新建）—龙虎山·余江—弋阳·龟峰—横峰葛源—铅山—上饶·信州—玉山·三清山—景德镇（乐平·浮梁）—南昌。

（4）赣中南革命摇篮之旅红色经典旅游线：南昌（东湖·西湖·新建）—永丰—青原—泰和—井冈山—永新三湾—南昌。

（5）赣西绿色精粹之旅红色经典旅游线：南昌（东湖·西湖·新建）—新余·渝水—萍乡（安源·芦溪·莲花）—万载—上高—铜鼓—修水—南昌。

四、主要任务

（一）丰富红色旅游内容体系

以革命战争时期内容为重点，将1840年以来江西大地上发生的以爱国主义和革命传统精神为主题、有代表性的重大事件和重要人物的历史文化遗存纳入红色旅游发展范围，并按主题内容划分为4个时期。

1. 1840年至1921年历史时期

重点反映江西人民对西方列强入侵和封建王朝压迫展开不屈不饶、艰难求索奋斗历程的一系列历史事件。主要任务是集中整理太平天国运动西征军事时期在江西开展反封建斗争的历史资料；大力宣传义和团运动时期，江西群众捣毁法、英、美、德教堂39处等反抗西方列强压迫的英勇抗争精神。

2. 1921年至1949年历史时期

重点反映中国共产党领导江西人民推翻反动政权、夺取全国胜利、建立人民共和国，实现民族独立和人民解放的奋斗历程。主要任务是弘扬和提升伟大的井冈山、苏区精神。

3. 1949年至1978年历史时期

重点反映中国共产党带领江西人民确立社会主义基本制度，在“一穷二白”的基础上自力更生、艰苦奋斗，进行社会主义革命和建设的奋斗历程。主要任务是弘扬小平小道所承载的中国改革开放的思想萌发地，共青城创业基地浓缩和见证的江西人民奋发图强、勇于开拓的精神风貌，以及余江血防纪念馆所承载的江西人民消灭血吸虫病的伟大成就。

4. 1978年以来的历史时期

重点反映中国共产党在新的历史时期，实行改革开放，不断探索发展中国特色社会主义的奋斗历程。主要任务是弘扬伟大的九八抗洪精神。

（二）加强红色旅游经典景区建设

1. 完善红色旅游经典景区体系

以全国爱国主义教育示范基地为重点，进一步充实完善列入全国红色旅游经典景区第一批名录中的 5 个红色旅游经典景区，同时重点建设列入全国红色旅游经典景区第一批增补名录和第二批名录中的 9 个红色旅游经典景区，形成全面反映 4 个历史时期的红色旅游经典景区体系。

2. 实施全国红色旅游经典景区二期总体建设方案

规划实施 31 个红色旅游经典景区二期基础设施建设项目，重点加强红色旅游经典景区开展红色旅游活动所必需的旅游公路（景区到交通干线的连接公路及景区内部的专用旅游公路）、步行道、停车场、供电线路、供排水管网、垃圾污水处理设施、旅游厕所、消防安防设施、展陈场馆和环境整治等配套基础设施建设。到 2017 年，所有列入全国红色旅游经典景区总体建设方案的景区基础设施和环境面貌全面改善，基础设施条件达到能够满足开展红色旅游活动的基本需要。

3. 推动红色旅游与其他旅游产品紧密结合

充分发挥江西旅游资源优势，促进红色旅游与传统观光旅游、生态旅游、民俗旅游、乡村旅游、休闲度假旅游、都市旅游、温泉旅游等项目融合发展，注重用红色精神感染人，用绿色美景留住人，用古色文化陶冶人，使红色、绿色、古色旅游相互融合，相互促进，形成以红色旅游为主题、形式多样的复合型旅游产品和线路，增强其吸引力和竞争力，不断壮大红色旅游的整体实力和对革命老区发展的综合带动能力。

（三）增强红色旅游资源保护和展示能力

1. 加强革命文物保护和利用

按照保护为主、抢救第一、合理利用、加强管理的原则，加强对重要文物、遗址遗迹、纪念地、名人故居、历史文献的修复和保护，推进红色历史文化资源的数字化保护和有效传承。重视革命文物和文献资料的发掘、征集、整理、研究和利用工作，不断拓展和深化红色旅游思想文化内涵。加强资源普查，落实保护措施，做好各类革命历史文化遗产保护工作，重点编制并实施赣南等原中央苏区革命遗址保护规划。

2. 严格烈士纪念设施和史料遗物保护管理

加大烈士纪念设施和史料遗物的经费投入和保护管理力度，高质量高标准完成零散烈士纪念设施抢救保护工程。落实烈士纪念设施保护管理相关法规，制定分级管理办法，分层次确定烈士纪念设施保护单位，严格烈士纪念设施保护范围，强化保护单位的公益属性。已公布为文物的烈士纪念设施，要按照文物法严格保护、管理和利用。加强烈士史料和遗物的收集、抢救、挖掘、保护和陈列展示等工作。研究制定社会捐赠、志愿服务、义务劳动等方面的政策规定，动员社会力量支持烈士纪念设施和史料文物的保护管理。加强对烈士纪念设施和史料遗物的日常管理，严肃查处人为破坏和污损行为。

3. 创新红色旅游宣讲和展陈方式

开展形式多样的讲解演示活动，在井冈山、瑞金等有条件的红色旅游景区，合理运用现代科技手段增强展示效果，再现红色历史场景，使游客在参与互动中接受教育，受到熏陶。进一步提高讲解水平，丰富讲解内容，规范讲解材料，确保客观真实，增强知识性、趣味性和感染力，使广大游客通过红色旅游不断汲取精神力量，并转化为建设中国特色社会主义的强大动力。

（四）完善红色旅游配套服务体系

1. 加快形成红色旅游产业体系

积极培育红色旅游市场主体，鼓励旅行社、酒店集团、运输公司等拓展与红色旅游相关的经营业务，培育一批以红色旅游为主营业务的旅游企业，支持革命老区群众参与和提供红色旅游餐饮、住宿等经营服务。

2. 扩大红色旅游商品产销体系

加快建设红色旅游工艺品、文化用品、旅游食品、旅游纪念品等生产基地，生产适销对路的“名、优、特、奇、新”红色旅游商品；积极发展红色旅游商品销售网点，在主要红色旅游城市（景区）建立旅游购物中心；大力挖掘和推出反映红色文化的特色菜肴，建设一批红色文化主题酒店、红色经典主题餐厅，重点培育井冈山红军餐饮体验、兴国将军餐饮体验、红色故都餐饮体验等红色餐饮系列，满足广大游客的需求，使红色旅游商品产销和饮食消费的增长快于接待人数的增长。积极创作、生产、推广以红色文化为主题的演艺产品，精心组织中国红色旅游博览会、中国红歌会、红色旅游高峰论坛、中国（瑞金）红诗会、南昌国际军乐节等红色旅游节事、会展活动。

3. 完善红色旅游交通体系

规划建设机场、铁路、公路、水路客运码头等交通设施和设计公交线路时，统筹考虑红色旅游发展需要。鼓励民航部门根据旅游客源情况，适时增开更多的航线、航班和旅游包机，积极推进南昌昌北国际机场综合交通枢纽建设，加大航空旅游客源地航线（班）开发力度，积极推动开通红色旅游经典景区至机场的客运直达班线；鼓励铁路部门增开江西省红色旅游城市与省外主要城市的始发客车和旅游列车，完善铁路客运站与红色旅游景区、景点之间的接驳服务。建成井冈山（厦坪）至睦村、寻乌至全南、抚州至金溪至资溪至光泽、兴国至赣县、南昌至宁都、南昌至上栗等高速公路，实现“县县通高速”；加大国省道干线公路改造力度，重点建设为红色旅游经典景区和红色旅游精品线路配套的 11 条红色旅游公路，实现“县县通国道”；建成沪昆客专杭长段、赣韶、衡茶吉、武九客专、昌吉赣客专等铁路，实现南昌向东、向西、向北、向南都有高铁；建成上饶三清山机场，规划建设一批通用航空机场，完成赣州黄金机场、吉安井冈山机场改扩建工程，推动黄金机场航空口岸建设；加快赣江航道建设，结合梯级开发，尽早实现赣州—吉安—峡江三级航道通航。

（五）创新红色旅游发展的体制机制

1. 理顺红色旅游景区管理体制

推进红色旅游景区管理体制改革，改变条块分割和规划不统一、管理不到位、经营不规范的状况。规模较大的红色旅游景区按照精简效能的原则，设置综合管理机构，统一行使管理职能。整合烈士纪念设施资源，理顺隶属关系，统一归口民政部门实施保护管理，充分发挥烈士纪念设施的整体效能。

红色旅游资源比较丰富的市、县（区），要遵循资源与产业结合、保护与开发统一的原则，逐步建立起旅游资源和产业管理一体化的旅游行政管理体制。各相关部门和单位要为理顺红色旅游景区管理体制创造有利条件。

2. 创新红色旅游经营体制

创新红色旅游投入机制，鼓励多元化投入，积极引进大企业、大集团参与红色旅游景区开发建设和经营管理，引导社会各种经济主体参与红色旅游开发经营。创新景区运行管理机制，引入竞争和绩效考核机制，建立红色旅游景区管理服务综合评价体系。对景区内纳入免费开放范围的博物馆、纪念馆，优化内部组织结构，整合内部资源，完善激励机制，提高运行效率，提升服务质量。

3. 加强红色旅游区域合作

推进红色旅游景区联合编制旅游规划，编排旅游线路，开拓旅游市场，提高服务质量。大力推动省际区域合作，充分利用泛珠三角地区、中部地区、海西经济区、赣湘闽红色旅游协作区等已有的区域合作平台，积极构建无障碍旅游合作区，共同发展跨周边省市的红色旅游精品线路，建立资源互享、客源互送、线路互推、政策互惠、信息互通、产品互补、效益互享的红色旅游合作发展新格局。

五、保障措施

（一）组织保障

1. 加强组织领导

依托各级旅游产业发展领导小组，领导和协调红色旅游的发展，研究红色旅游发展的重大问题，制定有利于红色旅游发展的政策措施，统筹红色旅游的协调发展。各级红色旅游工作协调小组办公室负责做好红色旅游统计分析、信息报送、交流培训、活动组织、总结本规划执行情况等工作。

2. 强化部门配合

各级旅游产业发展领导小组成员单位要充分发挥部门的职能作用，积极协同，主动配合，形成加快红色旅游发展的强大合力。宣传部门负责会同党史等部门审定陈列布展内容、重要活动和重大事件基本史实及重要提法、宣传报道口径，指导报刊、广播、电视、网络等媒体做好宣传推广工作；发展改革部门负责组织编制红色旅游经典景区基础设施建设规划方案，做好项目审核和投资计划安排；财政部门负责组织协调红色旅游规划编制、课题研究、宣传推广、教育培训和革命文物保护、展示等方面经费，会同有关部门做好公共博物馆、纪念馆和全国爱国主义教育示范基地免费开放工作；旅游部门负责红色旅游宣传促销、线路组织、管理服务、人员培训等工作，并负责红色旅游工作协调小组办公室日常工作；教育部门要将红色旅游作为青少年思想道德教育的重要课堂，作为学生校外活动、社会实践的重要内容，纳入教育范畴；民政部门要加强烈士纪念设施的建设管理保护及附属文物的征集展陈工作；交通运输部门要做好与红色旅游发展相配套的交通项目计划安排和建设；铁路、民航部门要配合红色旅游做好有关车次、航班的组织调度工作；住房和城乡建设部门要做好与红色旅游相关的风景名胜资源保护管理工作；文化部门要组织革命历史题材文艺和文学创作，指导组织与红色旅游相关的群众性文化活动和文艺演出活动；文物部门要组织编制和落实相关革命文物保护规划和维修方案，做好文物征集、展陈、维修和管理等工作；林业部门要做好森林生态旅游（森林公园、湿地公园、自然保护区）规划与红色旅游规划衔接工作，并指导与红色旅游相关的森林资源保护及培育等工作。

3. 加强规划管理

各地要把红色旅游发展纳入国民经济和社会发展规划纲要和相关专项规划，并在人力、物力、财力等方面落实保障措施。严格按照《全国红色旅游经典景区二期总体建设方案》要求，集中力量完成方案内红色旅游经典景区建设任务，不得擅自变更建设内容、规模和标准。未被纳入本规划的革命历史文化遗产要结合当地实际妥善保护。新建、扩建纪念设施要严格执行《中共中央、国务院关于严禁擅自修建已故领导同志纪念设施的通知》（中发〔1999〕7号）和《中共中央办公厅、国务院办公厅关于严格执行建立纪念设施有关规定的通知》（中办发〔1996〕5号）规定，按程序申报批准后方可开工建设。

（二）投入保障

1. 加大财政引导资金的投入

积极争取中央资金支持江西省发展红色旅游，其中：省发改委负责争取红色旅游中央预算内专项资金支持纳入《全国红色旅游经典景区二期总体建设方案》的红色旅游经典景区基础设施项目建设；省财政厅负责争取中央财政资金支持重点红色旅游区、旅游线路的规划编制和重要革命文物的保护、展示工作；省文化厅负责争取中央财政资金支持重点红色旅游区和旅游线路上的革命类全国重点文物保护单位的保护维修和展示利用工作；省交通运输厅负责争取国家交通建设资金重点支持为红色旅游经典景区和红色旅游精品线路直接配套的干线公路建设。省级财政继续设立红色旅游发展专项资金，红色旅游重点市、县（区）也应根据财力情况，安排红色旅游发展专项资金。中央和省级部门安排的促进服务业发展、小城镇建设、新农村建设、扶贫开发、文化遗产保护、公路建设以及其他与红色旅游业相关的专项资金，在政策允许的范围内，对红色旅游项目予以倾斜。各类红色旅游景区（点）要对大中小学生免费开放。对红色旅游景区（点）内纳入免费开放范围的博物馆、纪念馆，各级财政部门要将免费开放相关经费纳入财政预算，切实予以保障。

2. 引导社会资本投入

加大招商引资力度，鼓励社会资本及各类经济实体投资红色旅游商品、景区景点、商业网点、服务接待设施以及交通运输等的建设和经营。

（三）政策保障

1. 支持红色旅游建设项目用地

各地在制定土地利用和城乡建设总体规划时应充分考虑红色旅游产业发展需要，对利用存量土地建设的红色旅游产业项目，依据有关政策优先办理建设用地供地手续；对列入省重大项目调度会的重大红色旅游产业建设项目，依法按程序进行建设用地预审并安排用地；红色旅游开发项目涉及林地保护范围并改变其用途的，应缴纳森林植被恢复费，依法办理征占用林地审批手续。

2. 加大金融支持力度

鼓励金融机构对符合条件的红色旅游项目提供信贷支持，适当加大信贷投放力度，适度降低旅游企业贷款准入门槛，扶持龙头企业发展。组织开展从事红色旅游的企业信用等级评定，根据信用等级，确定授信额度，并给予利率优惠。

3. 实行税费优惠政策

重大红色旅游建设项目享受省级工业园区建设项目同等待遇。企业、个人等通过公益性社会团体或者县级以上人民政府及其部门，用于公共博物馆、纪念馆和爱国主义教育基地等的捐赠支出，符合税收法律法规规定的，准予在计算应纳税所得额时扣除。落实三星级以上（含三星级）旅游饭店实行与一般工业企业同等用水、用气价格，用电实行比商业用电低 0.1 元 / 千瓦时的价格；有线数字电视维护费按不高于当地居民用户终端收费标准的 90% 收取。

（四）宣传保障

1. 组织系列宣传推广活动

结合建党、建军、新中国成立等重大纪念活动，举办红色旅游博览会、红歌会等红色旅游节庆、会展等活动及其他重要节假日，组织系列宣传推广活动。要以 2013 年毛泽东同志 120 周年诞辰、2014 年邓小平同志 110 周年诞辰、2014 年中央红军长征出发 80 周年、2015 年抗日战争胜利 70 周年、2017 年八一南昌起义暨中国人民解放军建军 90 周年、2017 年秋收起义 90 周年、2017 年井冈山革命根据地创建 90 周年等重大纪念活动为契机，精心筹划一批主题鲜明、具有较大社会影响的红色旅游产品，组织设计红色旅游线路，安排红色旅游专列，编演红色经典文艺作品，营造健康浓郁的红色旅游文化氛围。机关和企事业单位的党组织和工会、共青团、妇联等群众组织要结合本单位文化建设，指导开展红色旅游活动。旅游行政管理部门要会同有关方面出台具体规定和奖励措施，鼓励旅行社积极开展红色旅游经营活动。

2. 加大红色旅游的宣传推广力度

突出“红色摇篮，绿色家园”的红色旅游主题形象，并纳入“江西风景独好”进行整体宣传。宣传、文化、新闻、广电等部门和单位要利用各自平台增加江西红色旅游形象宣传，增加刊播红色旅游公益广告，出版红色旅游系列图书，拍摄一批红色旅游宣传片，继续做好爱国主义教育基地和人民英模等题材的电视专题片拍摄播映工作。加强红色旅游网络资源建设，建立完善红色旅游网上展馆，建设红色旅游综合信息系统和数据库。鼓励和支持开设专用专版专栏，宣传推广红色旅游。充分利用中国红色旅游博览会、中国红歌会、井冈山国际杜鹃花节等平台，办好红色旅游专题展览展示活动。宣传、文化、旅游、文物等部门要组织编写红色旅游培训教材，加强对博物馆、纪念馆解说词、导游词的审核把关，严禁以红色旅游的名义从事损害红色旅游形象的活动。

（五）人才保障

1. 建立满足红色旅游发展的多层次人才队伍

建立有利于红色旅游人才成长的长效机制，吸收和培养一批专门人才。建立红色旅游专家库，加强红色旅游理论研究。鼓励教师、大学生和离退休干部等参与红色旅游志愿服务。力争建设一支精于管理、善于经营的红色旅游管理人员队伍，一支具有国际战略眼光、深谙当地实际的红色旅游营销人员队伍，一支素质较高、服务优良的红色旅游从业人员队伍。

2. 完善红色旅游人才职业教育培训机制

按照 5 年轮训一遍的目标，对红色旅游导游员、讲解员分级分期进行培训。大力支持革命老区和红色旅游资源丰富的地区发展旅游职业教育，在职业学校旅游专业中专门开设红色旅游相关课程，培养江西红色旅游专业人才。有条件的大专院校要开设与红色旅游相关的课程和专题班。重视岗位培训，将红色旅游导游员、接待服务人员的培训纳入职业技能培训体系，切实提高从业人员技能。

附件 3　红色旅游合作井冈山宣言

红色旅游正以迅猛的态势在全国蓬勃发展，日益成为旅游产业的生力军。这种寓教于游的主题性旅游形式也越来越受到游客的欢迎和喜爱。发展红色旅游不仅是一项重大的政治工程、文化工程、经济工程，而且是一项构建和谐社会的伟大工程。

随着红色旅游发展的深入推进，红色旅游资源的整合、线路的延伸、旅游市场的一体化，迫切要求全国红色旅游区进行区域合作，共同打造无障碍旅游区。为了实质性地推动红色旅游向深层次发展、可持续发展，使红色旅游成为具有永久生命力的旅游，今天，我们井冈山、延安、西柏坡、遵义、瑞金、嘉兴、安源、韶山、六盘山，借 2005 中国井冈山红色旅游文化节隆重举办之际，齐聚革命摇篮井冈山，同叙红色旅游事业情谊，共谋红色旅游发展大计。我们倡议：

一、本着优势互补、资源共享、信息互通、客源互换、利益互惠的原则，打破地域界限，在竞争中合作，在合作中提高。

二、按照“谁投资、谁经营、谁受益”的原则，支持和鼓励各地各类投资主体，独资或合作开发各地的红色旅游产品和旅游商品（纪念品），加快红色景区（点）建设步伐。

三、在行动上形成合力，共同打造红色旅游品牌，使嘉兴—瑞金—井冈山—安源—韶山—遵义—延安—六盘山—西柏坡红色旅游概念线路更加深入人心；可以根据市场特点及实际需要，分区域形成线路。

四、旅游营销方面：在全国性的主流媒体统一包装宣传，在全国大型旅游活动中统一策划推介；并可根据市场的特点和实际需要，分区段联合营销。

五、行业管理方面：共建旅游质量投诉、重大安全处理、旅游经济合同纠纷等快速反应机制，给予旅游者、旅游经营者提供更加优惠的政策。

六、实行信息互通及交流，各自将发展红色旅游的经验、做法在网站和相关媒体上定期发布，共同探讨红色旅游的发展大计。

七、建立红色旅游联盟例会制度，每年轮流举行一次红色旅游研讨会，分析预测旅游形势，研究对策，共促发展，共创辉煌。

井冈山市旅游局	延安市旅游局	西柏坡纪念馆
遵义市旅游局	瑞金市旅游局	嘉兴市旅游局
安源景区	韶山市旅游局	宁夏旅游局（六盘山）

主要参考资料

1. 中国红色旅游发展报告（2005—2013 年）. 全国红色旅游协调工作小组办公室. 中国旅游出版社

2. 从新的高度认识和推进红色旅游发展. 罗迪辉. 中国旅游报

3. 红色旅游十年辉煌（高端对话）. 中国旅游报

4. 雄伟的井冈山. 中央文献出版社

5. 井冈论坛. 梅黎明主编. 中国发展出版社

6. 井冈山导游词. 旅游教育出版社

7. 赢在模式 旅游规划创新实践. 窦文章主编. 光明日报出版社

8. 旅游景区项目策划. 王衍用，宋子千，秦岩编著. 中国旅游出版社

9. 旅游景区营销. 刘锋. 中国旅游出版社

10. 红色旅游开发与规划研究. 李陇堂，赵多年著. 中国社会科学出版社

11. 红色旅游基本理论研究. 周振国，高海生等著. 社会科学文献出版社

12. 井冈模式研究. 井冈模式研究编写组. 人民出版社

13. 品牌策划与管理. 程宇宁著. 中国人民大学出版社

14. 打造胜地旅游开发技术详解. 袁美昌著. 中国旅游出版社

15. 中国井冈山红色培训高端峰会（2012）. 汇报材料

16. 井冈山上的“星火工程”. 江西干部学院编

17. 井冈山旅游简报. 井冈山管理局旅游管理处编

18. 井冈山旅游报. 井冈山报社

19. 井冈山市国民经济和社会发展第十一个五年规划纲要. 井冈山市发改委

20. 井冈山市国民经济和社会发展第十二个五年规划纲要. 井冈山市发

改委

21. 全国青少年井冈山革命传统教育基地．宣传册
22. 井冈山统计年鉴（旅游情况）．井冈山市统计局
23. 吉安市青原区红色旅游发展情况汇报
24. 井冈山志．历史资料
25. 井冈山 2004 年至 2014 年交通运输情况汇报材料
26. 井冈山红色旅游营销的区域合作与创新汇报材料
27. 传承井冈精神　打造红色培训典范　再创红色旅游辉煌汇报材料
28. 从更高更大层面推动红色培训活动汇报材料
29. 井冈山国家级旅游服务业标准化试点项目建设情况汇报
30. 井冈山市旅游发展总体规划（征求意见稿）
31. 关于施行《吉安市旅游产业项目库建设与管理暂行办法》的通知
32. 关于印发《加快井冈山农家乐发展实施意见》的通知．井冈山管理局办公室，井冈山市政府办公室
33. 关于印发《中共吉安市委．吉安市人民政府关于进一步加快旅游产业发展建设旅游大市的若干意见工作》任务分工方案的通知
34. 关于进一步加快旅游产业发展建设旅游大市的若干意见．中共吉安市委，吉安市人民政府
35. 关于成立井冈山推进红色旅游一体化工作领导小组的通知．井冈山管理局办公室．市委办公室，市政府办公室
36. 关于印发井冈山旅游景区点及旅游服务窗口单位年度创优达标管理考核办法试行的通知
37. 深化旅游体制机制改革　推进旅游强市建设．中共吉安市委，吉安市人民政府
38. 吉安市经济社会及旅游业发展情况介绍．中共吉安市委，吉安市人民政府
39. 井冈山红色旅游发展情况汇报．井冈山管理局
40. 印发《关于推进井冈山城乡产业发展一体化的实施方案》的通知

后 记

红色旅游十年发展取得了显著成就，实现了社会效益和经济效益双丰收，各地也积累了许多宝贵经验，形成了一定发展模式。韶山、井冈山、西柏坡、临沂、遵义、延安的红色旅游发展各具特色，值得借鉴。

《红色旅游发展的井冈山模式》在课题调研和撰写过程中，得到了有关领导、学者的关心支持，提出了宝贵的指导意见。罗迪辉同志多次就本书的框架结构、编写思路、修改方向提出了许多具体意见；王树茂同志负责本书编辑统筹，多次组织论证、修改。白四座、武宁、江波、林思雨、张勇、郭丽、李国栋、丁红美等同志为本书资料收集、内容编排、文字校对等做了大量工作。北京大学窦文章教授、中央党校祝彦教授、《党建》杂志社徐遥副总编、北京交通大学王衍用教授、中国人民大学杨德山教授、中国旅游研究院宋子千副研究员精心指导。中国井冈山干部学院副院长匡胜、江西省旅游委副巡视员曾宜富、井冈山管理局副局长杨二勇、团中央全国青少年井冈山革命传统教育基地管理中心主任刘爱平、处长钟建华、北京映山月园林公司总设计师郭丽文、青原区旅游委李超、胡建华、井冈山刘宇祥、范永军、张华、睦萍、李伏龙、汪仁盛、尹强、曾宪文、肖邮华、罗卫国、吴晓华、李爱民、戴诗鹏、曾圣芳、李荣生、赖冰、明荆、黄国先、刘军、刘井冈、郭江龙、谢建文等领导和同志给予了大力支持，在此一并真诚致谢。

责任编辑：殷　钰
责任印制：冯冬青
装帧设计：中文天地

图书在版编目（CIP）数据

红色旅游发展的井冈山模式 / 国家旅游局编 . -- 北京 : 中国旅游出版社 , 2016. 3
（中国红色旅游发展系列丛书）
ISBN 978-7-5032-5446-8

Ⅰ . ①红… Ⅱ . ①国… Ⅲ . ①革命纪念地—旅游业发展—研究—井冈山市 Ⅳ . ① F592.756.3

中国版本图书馆 CIP 数据核字（2015）第 265724 号

书　　名：红色旅游发展的井冈山模式

作　　者：国家旅游局
出版发行：中国旅游出版社
（北京建国门内大街甲 9 号　邮编：100005）
http://www.cttp.net.cn　E-mail:cttp@cnta.gov.cn
营销中心电话：010-85166503
排　　版：北京中文天地文化艺术有限公司
印　　刷：北京工商事务印刷有限公司
版　　次：2016 年 3 月第 1 版　2016 年 3 月第 1 次印刷
开　　本：787 毫米 × 1092 毫米　1/16
印　　张：13.25
字　　数：220 千
定　　价：45.00 元
I S B N　ISBN 978-7-5032-5446-8